D1703014

FSC® C105338

MIX
Papier aus verantwortungsvollen Quellen
Paper from responsible sources
FSC® C105338

Andreas Beckers

Szenariobasierte Evaluation von Open Source ESBs zum Einsatz in einer Cloud-basierten Softwareinfrastruktur

Diplomica® Verlag GmbH

Beckers, Andreas: Szenariobasierte Evaluation von Open Source ESBs zum Einsatz in einer Cloud-basierten Softwareinfrastruktur, Hamburg, Diplomica Verlag GmbH 2012

ISBN: 978-3-8428-9036-7
Druck: Diplomica® Verlag GmbH, Hamburg, 2012

Bibliografische Information der Deutschen Nationalbibliothek:
Die Deutsche Nationalbibliothek verzeichnet diese Publikation in der Deutschen Nationalbibliografie; detaillierte bibliografische Daten sind im Internet über http://dnb.d-nb.de abrufbar.

Die digitale Ausgabe (eBook-Ausgabe) dieses Titels trägt die ISBN 978-3-8428-4036-2 und kann über den Handel oder den Verlag bezogen werden.

Dieses Werk ist urheberrechtlich geschützt. Die dadurch begründeten Rechte, insbesondere die der Übersetzung, des Nachdrucks, des Vortrags, der Entnahme von Abbildungen und Tabellen, der Funksendung, der Mikroverfilmung oder der Vervielfältigung auf anderen Wegen und der Speicherung in Datenverarbeitungsanlagen, bleiben, auch bei nur auszugsweiser Verwertung, vorbehalten. Eine Vervielfältigung dieses Werkes oder von Teilen dieses Werkes ist auch im Einzelfall nur in den Grenzen der gesetzlichen Bestimmungen des Urheberrechtsgesetzes der Bundesrepublik Deutschland in der jeweils geltenden Fassung zulässig. Sie ist grundsätzlich vergütungspflichtig. Zuwiderhandlungen unterliegen den Strafbestimmungen des Urheberrechtes.

Die Wiedergabe von Gebrauchsnamen, Handelsnamen, Warenbezeichnungen usw. in diesem Werk berechtigt auch ohne besondere Kennzeichnung nicht zu der Annahme, dass solche Namen im Sinne der Warenzeichen- und Markenschutz-Gesetzgebung als frei zu betrachten wären und daher von jedermann benutzt werden dürften.

Die Informationen in diesem Werk wurden mit Sorgfalt erarbeitet. Dennoch können Fehler nicht vollständig ausgeschlossen werden, und der Diplomica Verlag, die Autoren oder Übersetzer übernehmen keine juristische Verantwortung oder irgendeine Haftung für evtl. verbliebene fehlerhafte Angaben und deren Folgen.

© Diplomica Verlag GmbH
http://www.diplomica-verlag.de, Hamburg 2012
Printed in Germany

Kurzfassung

Cloud-Computing ist aktuell ein sehr gefragtes Konzept. So wird zurzeit an den Fraunhofer Instituten für Software- und Systemtechnik (ISST) und Materialfluss und Logistik (IML) eine Cloud-basierte Logistikvertriebsplattform mit dem Namen Logistics Mall entwickelt. Damit soll es kleinen und mittleren Unternehmen möglich sein, komplexe Prozesse der Logistik durchführen zu können, ohne die dazu benötigte kostspielige und komplexe Software einkaufen zu müssen; das Mieten der Software reicht aus.

Innerhalb eines Logistikprozesses kommunizieren mehrere Systeme miteinander. Um diese Kommunikation zu ermöglichen, wird eine Middleware benötigt. Hierzu soll ein Enterprise Service Bus (ESB) eingesetzt werden. Ein ESB ist ein Konzept in der Softwarearchitektur, das zur Entkopplung von Softwaresystemen genutzt wird und jegliche Art von Kommunikationen zwischen diesen Systemen ermöglicht. Somit gehört zu den Kernaufgaben das Weiterleiten von Nachrichten zwischen den angebundenen Systemen. Des Weiteren sind häufig Transformationen der Nachrichten notwendig, falls die Systeme unterschiedliche Datenformate verwenden. Da es zahlreiche ESB-Produkte auf dem Markt gibt, muss ein Evaluationsprozess durchgeführt werden, um das den Anforderungen der Logistics Mall entsprechende Produkt zu finden.

In dieser Arbeit werden neun verschiedene Open Source ESBs untersucht. Zu Beginn wird ein mehrstufiger Vergleich anhand der Herstellerangaben durchgeführt, in dem sukzessive ESBs ausgeschlossen werden, die in bestimmten Aspekten hinter den Konkurrenzprodukten zurückliegen. Anschließend werden die beiden geeignetsten ESBs einem praktischen Vergleich unterzogen. Hierzu wird ein praxisnahes Szenario konzipiert und realisiert, in welches beide ESBs eingegliedert werden, um anhand von vorher ausgewählten Kriterien miteinander verglichen zu werden. Zum Schluss wird eine Empfehlung ausgesprochen, welcher ESB hinsichtlich der genannten Anforderungen für die Logistics Mall am geeignetsten erscheint.

Inhaltsverzeichnis

Kurzfassung		**II**
1	**Einleitung**	**1**
	1.1 Ziele der Arbeit	2
	1.2 Abgrenzung	2
	1.3 Related Work	3
	1.4 Aufbau der Arbeit	4
2	**Grundlagen**	**7**
	2.1 Cloud-Computing	7
	2.1.1 Charakteristika	8
	2.1.2 Servicemodelle	8
	2.1.3 Bereitstellungsmodelle	9
	2.2 Open Source Lizenzmodelle	10
	2.3 Webservices	12
	2.3.1 SOAP-Webservices	13
	2.3.1.1 Webservice Description Language (WSDL)	14
	2.3.1.2 SOAP	15
	2.3.2 REST-Webservices	16
	2.4 OAGIS	17
	2.5 Lightening und Flattening	19
	2.6 UN/EDIFACT	20
	2.7 Enterprise Service Bus (ESB)	22
	2.7.1 Architekturmodelle	22
	2.7.2 Funktionalitäten	24
3	**Logistics Mall - Cloud-Computing für die Logistik**	**27**
	3.1 Konzept	27
	3.2 Anforderungen an den ESB	28

4 Marktübersicht — 31
4.1 Produkte — 32
4.2 Übersicht und Kenndaten — 34

5 Vergleich nach Herstellerangaben und Eingrenzung der ESBs — 37
5.1 Pflichtkriterien — 37
5.1.1 Open Source — 38
5.1.2 Programmiersprache Java — 38
5.1.3 Betriebssystem Unix/Linux — 38
5.2 Stufe 1: Kommerzieller Support — 39
5.2.1 Untersuchte Teilaspekte — 39
5.2.2 Ergebnis — 40
5.3 Stufe 2: Dokumentation und Community — 44
5.3.1 Untersuchte Teilaspekte der Dokumentation — 44
5.3.2 Untersuchte Teilaspekte der Community — 45
5.3.3 Ergebnis — 45
5.4 Stufe 3: Vitalität/Reifegrad und Zukunftssicherheit — 49
5.4.1 Untersuchte Teilaspekte Vitalität/Reifegrad — 49
5.4.2 Untersuchte Teilaspekte der Zukunftssicherheit — 50
5.4.3 Ergebnis — 52
5.5 Stufe 4: Integrationsaspekte — 55
5.5.1 Untersuchte Teilaspekte — 55
5.5.2 Ergebnis — 57
5.6 Stufe 5: Direkte Gegenüberstellung der verbleibenden ESBs — 60

6 Praktischer Vergleich der ausgewählten ESBs — 61
6.1 Untersuchte Aspekte — 62
6.1.1 Installation/Einrichtung — 62
6.1.2 Entwicklung — 62
6.1.3 Benutzeroberfläche: Intuitiv / Übersichtlichkeit / Handhabung — 63
6.1.4 Fehlermanagement — 63
6.1.5 Sonstiges — 64
6.1.6 Nicht betrachtete Aspekte — 64
6.2 Szenario — 64
6.2.1 Versuchsabläufe — 65
6.2.2 Versuchsaufbau — 69
6.2.3 Austauschformate — 72
6.2.3.1 OAGIS — 72

		6.2.3.2 UN/EDIFACT	75
		6.2.3.3 Custom XML	76
	6.3	Realisierung des Testaufbaus	77
		6.3.1 Servicebeschreibungen (WSDL)	77
		6.3.2 Shop	78
		6.3.3 Auftragsverwaltung	82
		6.3.4 Lagerverwaltung Süd	83
		6.3.5 Lagerverwaltung Nord	83
	6.4	Einbindung ESB 1: Mule ESB	87
		6.4.1 Route: Shop → Auftragsverwaltung	87
		6.4.2 Route: Auftragsverwaltung → Lagerverwaltung Nord/Süd	89
		6.4.3 Route: Lagerverwaltung Nord → Auftragsverwaltung	93
		6.4.4 Route: Lagerverwaltung Süd → Auftragsverwaltung	95
	6.5	Einbindung ESB 2: Talend ESB	96
		6.5.1 Route: Shop → Auftragsverwaltung	96
		6.5.2 Route: Auftragsverwaltung → Lagerverwaltung Nord/Süd	98
		6.5.3 Route: Lagerverwaltung Nord → Auftragsverwaltung	100
		6.5.4 Route: Lagerverwaltung Süd → Auftragsverwaltung	103
	6.6	Deployment und Testdurchlauf	104
		6.6.1 ESBs auf VM 1	104
		6.6.2 Apps auf VM 2	105
		6.6.3 Testdurchlauf	106
	6.7	Ergebnis	107

7 Abschlussbetrachtung — 113
- 7.1 Zusammenfassung aller Ergebnisse — 114
- 7.2 Fazit — 115
- 7.3 Ausblick — 115

Abkürzungsverzeichnis — **117**

Abbildungsverzeichnis — **119**

Tabellenverzeichnis — **121**

Quellcodeverzeichnis — **123**

Literaturverzeichnis — **125**

A Anhang 131
A.1 Beispielnachrichten 131
A.1.1 OAGIS 131
A.1.2 UN/EDIFACT 134
A.1.3 Custom XML 137
A.2 Servicebeschreibungen 139
A.3 Codeausschnitte 141

Kapitel 1

Einleitung

Die Fraunhofer Institute für Software- und Systemtechnik (ISST) und Materialfluss und Logistik (IML) arbeiten an einer Cloud-Computing-Plattform für die Logistik (vgl. [Fra12]). Damit soll es kleinen und mittleren Unternehmen (KMU) ermöglicht werden, spezielle Anwendungen zu mieten, die zur Durchführung von Logistikprozessen notwendig sind. Ein solcher Logistikprozess ist sehr komplex und bedarf nicht nur einer spezifischen Software, sondern mehrerer eigenständiger Systeme. Der Vorteil einer Logistik-Plattform liegt für den Kunden darin, dass die benötigten Systeme in der Cloud vorhanden sind, sodass der Kunde sich nicht um Einkauf, Installation sowie Pflege und Wartung kümmern muss. Er bezahlt lediglich Mietgebühren für die Software, die für seine individuellen Logistikprozesse benötigt werden.

Die Logistics Mall – so der Name der Cloud-Computing-Plattform – soll also dafür eingesetzt werden, verschiedene Systeme miteinander zu koppeln und Nachrichten weiterzuleiten, damit der Logistikprozess durchlaufen werden kann. So müssen Lagerverwaltungen und Auftragsverwaltungen miteinander kommunizieren sowie Speditionen kontaktiert werden, die die Waren aus dem Lager abholen und versenden.

In der Mall soll der Aspekt der Kopplung – auch Middleware genannt – durch einen Enterprise Service Bus (ESB) realisiert werden. Dieser dient somit als zentrale Anlaufstelle für die Kommunikation zwischen allen Komponenten. Der ESB führt ein entsprechendes *Routing* durch, um die Nachrichten an die vorgesehene Anwendung weiterzuleiten sowie, falls notwendig, *Transformationen* durchzuführen, um Nachrichten zwischen Systemen austauschen zu können, die unterschiedliche Datenformate verwenden.

Es existiert eine Vielzahl an ESBs auf dem Markt. Sie haben unterschiedliche Eigenschaften und somit Vor- und Nachteile, teilweise basieren sie auf den gleichen Frameworks. Es sind zwar zahlreiche Vergleiche von ESBs verfügbar, diese sind aber meist veraltet, wurden nur oberflächlich durchgeführt oder haben einen ganz anderen Fokus. Dies erschwert den

Findungsprozess für ein geeignetes Produkt für die Logistics Mall. Aus diesem Grund wird eine wissenschaftliche Untersuchung durchgeführt, um den geeignetsten Enterprise Service Bus zu bestimmen.

1.1 Ziele der Arbeit

Damit ein geeigneter ESB für die Logistics Mall gefunden werden kann, müssen spezifische Anforderungen berücksichtigt und für eine detaillierte Evaluation einbezogen werden. Die Evaluation soll dabei nicht nur auf Produkteigenschaften beruhen, also auf den Angaben der Hersteller, sondern auch eine praktische Umsetzung umfassen.

Der Praxistest der ESBs soll auch zu ersten Erfahrungen mit den Produkten führen. Dazu soll ein logistiknahes Szenario konzipiert und umgesetzt werden, sodass anschließend die ESBs eingebunden werden können. Der Weg der Implementierung ist dafür festzuhalten und muss nachvollziehbar dokumentiert werden, um die spätere Anwendung der ESBs zu vereinfachen.

Eine der Hauptanforderungen an den ESB im Projektkontext ist die Bedienbarkeit des Konfigurationswerkzeugs. Daher liegt der Hauptfokus dieser Arbeit auf der Usability. Aufgrund der vielen Möglichkeiten und Funktionen, die ein ESB bietet und die jeweils separat ausführlich betrachtet werden könnten, muss diese Arbeit eingegrenzt werden. Im folgenden Abschnitt wird daher auf Aspekte eingegangen, die in dieser Evaluation nicht oder nur teilweise berücksichtigt werden.

1.2 Abgrenzung

Ein Enterprise Service Bus ist eine Sammlung unterschiedlicher Technologien und Frameworks, mit denen sich verschiedene Probleme lösen lassen. Dazu gehört zum Beispiel das Routing, das durch diverse Techniken wie zum Beispiel Content-based Routing, ermöglicht werden kann, um zum Beispiel entkoppelte Anwendungen intelligent durch den Bus zu verbinden.

In dieser Arbeit werden nur ausgewählte Eigenschaften betrachtet. Dazu werden nur die Funktionalitäten, die für ein Testszenario benötigt werden, implementiert und überprüft. Nichtfunktionale Eigenschaften wie Performanz, Zuverlässigkeit und Sicherheit sind für einen ESB aber auch sehr wichtig. Vor allem in systemkritischen Anwendungsgebieten in einem realen produktiven Einsatz muss darauf besonders Wert gelegt werden. Diese

Grundanforderungen bedürfen einer separaten ausführlichen Evaluation. Für das in dieser Arbeit aufgestellte Szenario für den praktischen Vergleich werden sie nicht näher betrachtet, da der Fokus aus Aufwandsgründen rein auf der Machbarkeit der Umsetzung eines Szenarios sowie der Bedienbarkeit und Usability der ESBs liegt.

Viele ESBs nutzen die gleichen Frameworks als Unterbau. Dazu gehören zum Beispiel Apache ActiveMQ (vgl. [The12a]) als Messaging-Framework und Apache Camel (vgl. [The12b]) als Mediation-Framework. Deshalb würden sich im Detail diese ESBs ähnlich verhalten. Die Benutzeroberfläche, mit der die ESBs konfiguriert werden, kann sich trotz des ähnlichen Unterbaus voneinander unterscheiden. Auch aus diesem Grund wird in dieser Arbeit speziell die Usability in den Fokus gestellt.

1.3 Related Work

Es existieren bereits zahlreiche ESB-Vergleiche, von denen hier einige vorgestellt werden. An erster Stelle ist „The Forrester Wave: Enterprise Service Bus" vom zweiten Quartal 2011 zu erwähnen (vgl. [Vol11]). In dieser Evaluation wurden Kunden und Entwickler über den Einsatz von sieben kommerziellen und vier freien ESBs befragt. Bewertet wurden die ESBs anhand der Marktpräsenz und der Funktionalität. Letzteres wurde aufgeschlüsselt nach Architektur, Verbindungsmöglichkeiten (*Connection*), Mediation, Orchestrierung und Tooling/Sicherheit (*Change and control*).

Einen Vergleich von zehn ESBs veröffentlichte die Firma AncudIT im Jahr 2010 (vgl. [Sch10]). Darin werden Open Source ESBs anhand ihrer technischen Möglichkeiten gegenübergestellt. Die Daten wurden in die Kategorien *Systemumgebung*, *Kernfunktionalität* und *Enterprise Funktionalität* eingeteilt.

JAXenter, ein Portal für Java, Enterprise Architekturen und SOA hat im Oktober 2011 einen Vergleich von elf ESBs durchgeführt (vgl. [WK11]). Wie auch beim Vergleich der AncudIT werden hier tabellenartig die einzelnen Funktionalitäten und Möglichkeiten der ESBs aufgelistet.

Weniger ein direkter Vergleich von ESBs, sondern mehr eine Hilfestellung, ist das „Enterprise Service Bus Evaluation Framework" der Patricia Seybold Group (vgl. [Mic05]). In diesem 21 Seiten umfassenden Bericht werden Kriterien verschiedener Kategorien vorgestellt, nach denen eine Evaluation eines ESBs durchgeführt werden kann. Dieser Katalog dient als Hilfestellung, um einen ESB nach den eigenen Anforderungen auswählen zu können. Passende Kriterien können aus der Kategorien *Integration Scenarios*, *Design Development, and Deployment*, *Management and Monitoring*, *Architecture*, *Product Viability* und *Company*

Viability entnommen werden. Für jedes Kriterium werden ferner auch Vorschläge gemacht, wie dieser Punkt genauer untersucht werden kann und welche Aspekte dabei betrachtet werden können.

In diesen beschriebenen Vergleichen werden unterschiedliche ESBs und Versionen mit unterschiedlichen Kriterien untersucht. Sie können zur Auswahl eines ESBs nützlich sein, nehmen dem Anwender aber nicht die Arbeit ab, für das eigene System zu evaluieren. Des Weiteren wird in keiner der Arbeiten die Usability fokussiert, sowie auf die praktische Realisierung eingegangen und die ESBs anhand dessen verglichen. Mit dieser Masterarbeit soll die Lücke des praktischen Vergleichs geschlossen und anhand ausgewählter Kriterien ein weiterer Vergleich anhand der Herstellerangaben durchgeführt werden.

1.4 Aufbau der Arbeit

Kapitel 2 der Arbeit fasst Grundlagen zusammen, die benötigt werden, um den weiteren Teilen der Arbeit folgen zu können. Dazu gehört zum Beispiel das Cloud-Computing, der Enterprise Service Bus im Allgemeinen sowie unterschiedliche Datenformate, die in dieser Arbeit genutzt werden. An Stellen im Text, in denen gewisse Grundlagen vorausgesetzt werden, wird auf das entsprechende Grundlagenkapitel hingewiesen.

Kapitel 3 beschreibt die Cloud-Computing-Anwendung Logistics Mall. Es wird näher auf das allgemeine Konzept der Anwendung eingegangen und welche Akteure mit dem System interagieren. Des Weiteren werden in diesem Kapitel Anforderungen an den ESB aufgeschlüsselt, die sich aus dem Anwendungskontext ergeben und in der Evaluation berücksichtigt werden müssen.

Das anschließende Kapitel 4 bietet eine Marktübersicht über alle in dieser Arbeit untersuchten ESBs. Die initiale Menge an Produkten ergibt sich aus den Pflichtkriterien Java, Open Source und Ausführbarkeit auf Linux/Unix-Systemen, auf die im folgenden Kapitel 5 noch näher eingegangen wird.

Nach der Vorstellung aller Produkte wird ein Vergleich anhand der Herstellerangaben und schließlich eine Eingrenzung der ESBs in Kapitel 5 durchgeführt. Dies erfolgt in mehreren Stufen. Jede Stufe befasst sich mit Kriterien aus ein bis zwei Hauptkategorien, die sich aus den Anforderungen ergeben. Somit werden die ESBs schrittweise aussortiert, die für die Logistics Mall weniger geeignet sind.

Im darauf folgenden Kapitel 6 werden die zwei geeignetsten ESBs in der Praxis evaluiert. Zu Beginn werden Kriterien vorgestellt, nach denen die ESBs bewertet werden. Anschließend wird ein Szenario aufgebaut, in das die ESBs nacheinander integriert und somit verglichen werden können. Für dieses Szenario sind bestimmte Abläufe zwischen Anwendungen vorgesehen. Die Kommunikation erfolgt durch unterschiedliche Dialekte, die ausgetauschten Nachrichtenformate sind also untereinander nicht kompatibel. Diese Abläufe und die Dialekte werden schließlich vorgestellt. Der Aufbau des Szenarios und die Realisierung der Anwendungen, die an die ESBs angekoppelt werden sollen, ist in den darauf folgenden Abschnitten beschrieben.

Nachdem die Vorbereitung des Szenarios durchgeführt wurde, werden die ESBs nacheinander entsprechend des Szenarios konfiguriert. Im Anschluss daran wird kurz erläutert, wie die Umsetzung ausgeführt und getestet wurde. Darauf folgend wird das Ergebnis der praktischen Evaluation und somit das Endergebnis dieser Arbeit beschrieben.

Zum Schluss wird in Kapitel 7 ein Fazit über die gesamte Arbeit gezogen sowie ein kurzer Ausblick gegeben, welche weiteren Forschungen angestrebt werden können.

Kapitel 2

Grundlagen

In dieser Arbeit werden einige spezielle Konzepte und Technologien verwendet. Die Grundlagen dazu werden in diesem Kapitel vorgestellt und dienen dem Leser zum allgemeinen Verständnis. Textstellen, an denen diese Konzepte auftreten, weisen stets eine Referenz zum entsprechenden Grundlagenkapitel auf. Somit ist es möglich, fehlende Grundlagen auch im späteren Verlauf der Arbeit nachzuschlagen.

2.1 Cloud-Computing

Cloud-Computing, zu Deutsch in etwa „Rechnen in der Wolke", steht für ein Konzept, in dem Kunden Computerressourcen von fremden Anbietern einfach und ohne große Konfiguration und Installation nutzen können. Die zugrunde liegende Hardware ist für den Kunden dabei nicht ersichtlich. Der Anbieter selbst kümmert sich um die Infrastruktur. Der Begriff *Cloud* ergibt sich aus diesem Konzept: Ein Kunde greift auf Ressourcen in der für ihn unbekannten Wolke zu, also ohne tiefer liegende Schichten kennen zu müssen.

Nach der Definition von Saugatuck Technology umfasst Cloud-Computing On-Demand-Infrastruktur im Bereich der Rechenleistung, Speicher und Netzwerktechnologie, sowie On-Demand-Software, zu der Betriebssysteme, Anwendungen, Middleware und Tools zählen. Diese passen sich jeweils dynamisch an die Erfordernisse der Geschäftsprozesse an. Des Weiteren ist es auch möglich, komplette Prozesse zu betreiben und zu managen (vgl. [McN08]).

Das National Institute of Standards and Technology (NIST) hat zu dem Begriff Cloud-Computing typische Charakteristika, Servicemodelle und Bereitstellungsmodelle genauer spezifiziert (vgl. [MG11]), die im Folgenden erläutert werden.

2.1.1 Charakteristika

Das NIST beschreibt für das Cloud-Computing fünf essentielle Charakteristika. Dazu gehört der *On-demand self-service*, mit der Aussage, dass es einem Verbraucher stets möglich sein muss, ohne die Herstellung einer menschlichen Interaktion Ressourcen beziehen zu können. Diese Ressourcen müssen über standardisierte Mechanismen bereitgestellt werden, sodass jegliche Art von heterogenen Systemen Zugriff darauf erhalten können (*Broad network access*). Zu diesen Systemen gehören nicht nur große, stationäre Rechner, sondern auch mobile Geräte, Tablet PCs und Notebooks.

Eine weitere Charakteristik ist, dass die Ressourcen für den Konsumenten standortunabhängig angeboten werden. Er bekommt aus einem großen, möglicherweise verteilten Pool Ressourcen wie Speicher, Prozessorzeit und Netzwerkbandbreite angeboten (*Resource pooling*). Dieser Pool wird von allen Kunden des Anbieters geteilt. Dazu ist eine dynamische Zuteilung und Freigabe der Ressourcen an die Verbraucher notwendig. Welche physikalischen Medien geteilt werden, spielen für den Endkunden keine Rolle. Wichtig ist jedoch, dass stets nach tatsächlichen Bedarf dynamisch und automatisch mehr oder weniger Ressourcen bereitgestellt werden (*Rapid elasticity*).

Zuletzt muss beim Cloud-Computing jederzeit für Anbieter und Konsument transparent sein, in welchem Umfang die Ressourcen genutzt wurden (*Measured service*). Dazu müssen geeignete Methoden umgesetzt werden, um Metriken wie verbrauchten Speicher, genutzte Prozessorzeit oder ähnliches ermitteln zu können.

2.1.2 Servicemodelle

Beim Cloud-Computing können Ressourcen in unterschiedlich definierten Servicemodellen angeboten werden. Die Unterscheidungen werden je nach Abstraktionsgrad vorgenommen. Nach Definition des NIST gibt es drei Servicemodelle: Infrastructure-as-a-Service, Platform-as-a-Service und Software-as-a-Service.

Beim Infrastructure-as-a-Service (IaaS) steht das klassische Bereitstellen von Hardware-Ressourcen im Vordergrund. So werden Prozessorleistung, Arbeitsspeicher und Festplattenspeicher zur Verfügung gestellt. Oft richten sich diese Angebote direkt an Administratoren von Unternehmen. So können virtuelle Maschinen gemietet werden, auf denen zum Beispiel in Eigenregie Betriebssysteme installiert werden können, die von der zugrunde liegenden Hardware profitieren.

Ein an Entwickler gerichtetes Modell ist Platform-as-a-Service (PaaS). Dabei werden Laufzeitumgebungen als Service zur Verfügung gestellt, auf denen entwickelte Anwendungen deployed werden können. Die Entwickler müssen sich im Sinne des Cloud-Computing nicht um das zugrunde liegende Betriebssystem und auch nicht um die Hardware-Ressourcen kümmern. Dies liegt in der Verantwortung des Anbieters.

In einer höheren Abstraktionsschicht ist Software-as-a-Service (SaaS) angesiedelt. Bei diesem Modell werden ganze Anwendungen als Service zur Verfügung gestellt. So kann über standardisiertem Weg über das Netzwerk auf Software zugegriffen werden, ohne sich um Installationen oder Updates Gedanken machen zu müssen.

In Abbildung 2.1 wird die Anordnung dieser drei essentiellen Modelle veranschaulicht. Je höher der Abstraktionsgrad ist, desto mehr wird dem Konsumenten an Hardware- und Konfigurationsaufwand abgenommen.

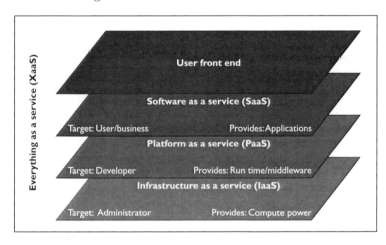

Abbildung 2.1: Servicemodelle beim Cloud-Computing (vgl. [Pal10])

Die Vielfalt an unterschiedlichen Angeboten auf dem Markt ist zunehmend. So entstanden weitere Servicemodelle wie zum Beispiel Communication-as-a-Service (CaaS) oder Monitoring-as-a-Service (MaaS), die zum Cloud-Computing hinzugezählt werden können. Aufgrund der Vielfalt an vorhandenen Servicemodellen etabliert sich zunehmend der Begriff Everything-as-a-Service (EaaS, Xaas oder *aaS) als Sammelbegriff für verschiedene, auch kombinierte, Angebote (vgl. [RR10, S. 54]).

2.1.3 Bereitstellungsmodelle

In der Definition des NIST werden verschiedene Bereitstellungsmodelle vorgestellt (vgl. [MG11]). Üblicherweise werden die unterschiedlichen Servicemodelle von fremden Anbietern über die öffentliche Cloud, also dem Internet, zur Verfügung gestellt. Hierbei spricht man von der *Public Cloud*. Somit ist es für jedermann möglich, die Services zu nutzen. Die Public Cloud wird vom NIST nochmals in zwei Bereiche unterteilt. Einmal in die *Open Cloud*, bei der für jeden der Zugriff auf die Ressourcen anonym möglich ist. Der zweite Bereich der Public Cloud umfasst die Angebote, die erst durch Abschließen eines Vertrags zwischen Anbieter und Konsument zustande kommen. Der als *Exclusive Cloud* bezeichnete Bereich ist somit nicht mehr anonym nutzbar.

Neben dem öffentlichen Zugang zu den Cloud-Angeboten ist es ferner auch möglich, eine eigene Cloud herzustellen. Die vom NIST bezeichnete *Private Cloud* wird in Organisationen eingesetzt, um zum Beispiel bestimmten Abteilungen dynamisch Ressourcen zur Verfügung stellen zu können, ohne manuell Eingriff in die Infrastruktur vornehmen zu müssen. Aber auch zu Testzwecken kann eine Private Cloud eingerichtet werden, um evaluieren zu können, inwiefern zum Beispiel der Skalierungsfaktor für eigene Anwendungen einen Nutzen bringt.

Als drittes Bereitstellungsmodell für Services gibt es nach Definition des NIST die *Hybrid Cloud*. Hierbei werden die beiden zuvor erläuterten Modelle der Public und Private Cloud kombiniert. So kann zum Beispiel eine Private Cloud dynamisch als Failover-Strategie Rechenkapazitäten aus der Public Cloud hinzuziehen, falls die eigene Hardware in der Private Cloud bei Lastspitzen nicht mehr ausreicht.

2.2 Open Source Lizenzmodelle

Open Source Software (OSS), oder auch „Freie Software", hat den Grundgedanken, dass die Freiheit gegeben wird, den Quellcode für ein Programm zu bekommen sowie es verbreiten zu dürfen. Dabei soll gestattet sein, die Software zu verändern, und/oder Teile davon in neue Programme zu übernehmen.

Damit dem Entwickler der Software aber Rechte eingeräumt werden, bedarf es angepasster Lizenzen für Open Source Software. In den folgenden Abschnitten werden einige Lizenzmodelle vorgestellt, die bei den verschiedenen Produkten, die in dieser Arbeit untersucht werden, eingesetzt werden.

GNU General Public Licence (GPL)

Die GNU GPL ist die bekannteste Lizenz für Open Source Software und wurde in der ersten Version im Jahr 1989 von Richard Stallman ursprünglich für das GNU-Projekt entworfen, einem vollständig freien Betriebssystem. Aktuell liegt die GPL in der Version 3 vor. Sie räumt dem Lizenznehmer weitreichende Rechte für die Nutzung der Software ein. Jedem Nutzer ist es so gestattet, die Software zu vervielfältigen, zu verbreiten, öffentlich zugänglich zu machen und zu verändern (vgl. [Ins05]).

In der GPL sind aber nicht nur Rechte vorgesehen, sondern auch Verpflichtungen. Darunter fällt das Copyleft-Prinzip: Abgeleitete Programme eines unter GPL stehenden Werkes dürfen nur dann verbreitet werden, wenn sie unter gleichen Bedingungen der GPL lizenziert werden.

GNU Affero General Public Licence (AGPL)

Die AGPL ist eine von der GPL abgeleitete Lizenz die ebenfalls das Copyleft-Prinzip enthält. Einzig der Artikel 13 der GPL wurde abgeändert. So gibt es die zusätzliche Verpflichtung zur Veröffentlichung des Quellcodes bei Anwendungen, die im engeren Sinn nicht verbreitet werden, sondern anderweitig veröffentlicht wurden. Das sind zum Beispiel Remotedienste, Webapplikationen und Portale. Der Code der Applikationen wird nicht beim Nutzer ausgeführt. Somit findet keine Verbreitung in Sinne der klassischen GPL statt. Hier greift aber die AGPL ein, sodass auch Quellcode solcher entfernten Dienste veröffentlicht werden muss.

GNU Lesser General Public Licence (LGPL)

Die LGPL ist ebenfalls eine von der GPL abgeleitete Lizenz. Sie gilt als entschärfte Variante der GPL, da die Verwendung von unter dieser Lizenz stehenden Programmteilen nicht dazu verpflichtet, ebenfalls die neue Anwendung unter dieser Lizenz zu stellen. Es müssen lediglich die verwendeten Module unter dieser Lizenz stehen. Aus diesem Grund ist die LGPL besonders für Bibliotheken geeignet. Ursprünglich stand die Abkürzung LGPL auch für Library GPL. Dies wurde jedoch geändert, damit die Lizenz nicht nur beschränkt auf Bibliotheken gilt, sondern auch anderweitig eingesetzt werden kann (vgl. [Kir03]).

Mozilla Public Licence (MPL)

Diese Lizenzierung wird überwiegend bei Software des Unternehmens Mozilla eingesetzt wie zum Beispiel dem Webbrowser Firefox. Die MPL enthält ähnlich der GPL eine Copyleft-Bedingung, die aber weniger restriktiv ist. So müssen zwar geänderte oder kopierte Quellcodes weiterhin unter der MPL stehen, sie dürfen jedoch zusammen mit proprietärem

Code als eine Anwendung genutzt werden. Diese Anwendung darf dann auch proprietär unter einer eigenen Lizenz veröffentlicht werden. Somit ist die MPL nicht mit der GPL kompatibel (vgl. [Moz12]).

Common Development and Distribution Licence (CDDL)

Die CDDL basiert überwiegend auf der Mozilla Public Licence und wurde von der Firma Sun Microsystems für deren Software OpenSolaris entwickelt. Lediglich kleinere Modifizierungen wurden vorgenommen. Darunter fallen zum Beispiel vereinfachte Erläuterungen der Klauseln, sowie eine ergänzende Klausel die klar stellen soll, was alles unter dieser Lizenz steht und was nicht. Diese Lizenz kann ebenfalls mit anderen Lizenzen kombiniert werden (vgl. [Ora09]).

Common Public Attribution Licence (CPAL)

Die CPAL basiert, wie auch die CDDL, größtenteils auf der MPL. Der wesentliche Unterschied ist, dass abgeleitete Anwendungen des unter dieser Lizenz stehenden Werkes „[...] *eine deutliche Anzeige der Namensnennung des ursprünglichen Entwicklers [...]*" enthalten muss (vgl. [Ope12b]). Aus diesem Grund ist die CPAL nicht mit der GPL kompatibel.

Apache Licence

Die Apache Software Foundation hat eigens für ihre Projekte eine eigene Lizenz entworfen. Es muss explizit darauf hingewiesen werden, wenn Werke unter dieser Lizenz eingesetzt werden. Die Lizenzdatei muss bei jeder unter dieser Lizenz stehende Anwendung beiliegen. Anders als bei der GPL muss die eigene Software, unter Verwendung von Anwendungen die unter dieser Lizenz stehen, selbst nicht unter dieser Lizenz stehen. Die Apache Lizenz ist mit der aktuellen GPL in der Version 3 kompatibel, insofern das gesamte Projekt unter der GPL v3 gestellt wird (vgl. [Apa12]).

2.3 Webservices

Dieser Abschnitt sowie alle Unterabschnitte sind Auszüge meiner Forschungs- und Entwicklungsarbeit (vgl. [Bd12])

Bei Webservices handelt es sich um modular gekapselte Dienste, die standardisiert mittels des Hypertext Transfer Protokolls (HTTP) über Netzwerke angeboten und aufgerufen werden können. Das Veröffentlichen geschieht dabei entweder über die Weitergabe der URL des Services an den entsprechenden Nutzer, oder aber durch Veröffentlichen in einen zentralen Verzeichnisdienst, wie zum Beispiel in ein UDDI-Repository (Universal Description, Discovery and Integration). Letztere Möglichkeit wurde aber von großen Unternehmen wie SAP, IBM und Microsoft zurückgezogen, da sie der Meinung sind, dass das Veröffentlichen eines Services in ein zentrales Verzeichnis nicht die Art ist, wie heutzutage Geschäfte gemacht werden (vgl. [Kri05]).

„Needless to say, this isn't how companies do business – there's always a human element to establishing a relationship. As a result, the [UDDI Business Registry (UBR)] served as little more than an interoperability reference implementation. Now that UDDI has become more of a metadata management standard for SOA, there's little need for the UBR anymore." – Jason Bloomberg [Kri05]

Die veröffentlichten Dienste sind Schnittstellen des Systems, auf die weitere, verteilte Systeme Zugriff haben. Durch das Komponieren von Webservices (Orchestrierung) und durch geregelte Kommunikation zwischen mehreren Services (Choreographie) können komplexe Geschäftsprozesse abgebildet werden. Dabei gibt es verschiedene Möglichkeiten (Protokolle), diese Dienste bereitzustellen und aufzurufen. Dies ist zum einen über SOAP möglich und wird im folgenden Kapitel 2.3.1 erläutert. Die andere Möglichkeit bietet REST, das in Kapitel 2.3.2 beschrieben wird.

2.3.1 SOAP-Webservices

SOAP steht ursprünglich für *Simple Object Access Protocol* und bedeutete so viel wie „Protokoll für einfachen Objektzugriff". Da SOAP allerdings gar nicht zum Zugriff auf Objekte geeignet ist und auch nicht einfach ist, wurde mit dem Erscheinen der Version 1.2 diese Abkürzung abgeschafft. SOAP ist somit ein Begriff für sich selbst (vgl. [Jos08, S. 268 f.]).

SOAP ist die erste Möglichkeit zum Aufrufen eines Webservices und stellt eine Art des Datenaustauschs dar. Grundlegend dafür ist die WSDL-Datei, die die einzelnen Operationen des Services auflistet und beschreibt, welche Parameter und Rückgabewerte diese besitzen. In Kapitel 2.3.1.1 wird auf den Aufbau der WSDL-Datei eingegangen. In Kapitel 2.3.1.2 wird schließlich der Aufbau einer SOAP-Nachricht erläutert.

2.3.1.1 Webservice Description Language (WSDL)

WSDL steht für Webservice Description Language und stellt die Beschreibungssprache für SOAP-Webservices dar. Mit ihr kann auf standardisiertem Wege die Schnittstelle zwischen Service-Anbieter und Konsument definiert werden. WSDL wird durch die Spezifikation des World Wide Web Consortium (W3C) definiert (vgl. [W3C01] und [W3C07]). Zurzeit existieren zwei wesentliche Versionen. Die am weitesten verbreitete und in diversen Werkzeugen und Technologien eingesetzte Version ist 1.1. Es gibt WSDL bereits in der Version 2.0. Diese verfügt über einige Verbesserungen und Erweiterungen, die in folgender Auflistung aufgeführt sind (vgl. [Dhe04]).

- Das Attribut `targetNamespace` in WSDL 2.0 ist jetzt ein Pflichtattribut im Wurzelelement `definitions`
- Das `message`-Konstrukt wurde entfernt. In WSDL 2.0 wird direkt auf das Element `types` referenziert
- Operatorüberladung wird nicht mehr unterstützt
- `PortTypes` wurde umbenannt zu `interfaces`. Interface-Vererbung ist über das Attribut `extend` im `interface` Element möglich
- `ports` wurde umbenannt zu `endpoints`

In Abbildung 2.2 ist der Aufbau der unterschiedlichen Versionen gegenübergestellt.

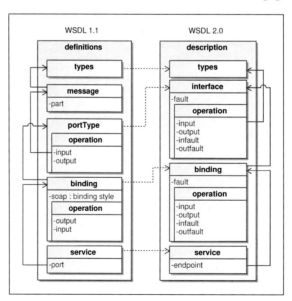

Abbildung 2.2: Aufbau einer WSDL-Datei in Version 1.1 und 2.0 (vgl. [Jos08, S. 262 f.])

Mit `service` und `port`, beziehungsweise `endpoint` in der neuen Version, wird der Service durch die genaue Adresse in Form einer URL mit dazugehörigem Port angegeben. Durch das `binding` werden dann die verschiedenen Operationen an den Service gebunden. Des Weiteren wird hier das genaue Übertragungsprotokoll festgelegt.

Innerhalb des `portType` beziehungsweise `interface` wird die Verknüpfung zwischen Operationen und Request- und Responseparametern, bzw. Parameter und Rückgabewert, hergestellt. In der WSDL 1.1 Spezifikation können mit `message` allgemeine Datenpakete deklariert werden, die durch `types` mit Hilfe der XML-Schema Spezifikation exakt beschrieben werden. In der Version 2.0 ist dies durch direkte Referenzierung zu `types` möglich. Innerhalb der `types` werden schließlich einzelne Attribute benannt, die Häufigkeit des Auftretens sowie die Variablentypen. Es besteht auch die Möglichkeit, die XML-Schema Typenspezifikation auszulagern und innerhalb des WSDL-Dokuments zu importieren.

2.3.1.2 SOAP

Die Spezifikation von SOAP beschreibt in erster Linie den Aufbau und das Format der Nachrichten, die bei einem Service-Aufruf zwischen Konsument und Serviceanbieter ausgetauscht werden. Die zu übertragenden Daten werden in einen speziellen Umschlag eingebettet, wie es in Abbildung 2.3 dargestellt ist.

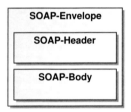

Abbildung 2.3: Aufbau einer SOAP-Nachricht

Dabei wird innerhalb eines Umschlags (`soap:Envelope`) ein Header (`soap:Header`) und ein Body (`soap:Body`) eingefügt. Syntaktisch wird das Austauschformat mit Hilfe der Extensible Markup Language (XML) beschrieben. Im Listing Quellcode 2.1 ist eine Nachricht im XML-Format exemplarisch dargestellt.

```
1  <?xml version="1.0"?>
2  <soap:Envelope xmlns:soap="http://www.w3.org/2003/05/soap-envelope">
3    <soap:Header> </soap:Header>
4    <soap:Body>
5      <ns:getCarInformation xmlns:ns="http://carexample.com">
6        <kfz>DO-FH 123</kfz>
7      </ns:getCarInformation>
```

```
8    </soap:Body>
9  </soap:Envelope>
```

Quellcode 2.1: Aufbau einer SOAP-Nachricht in XML

Die Nutzdaten innerhalb des Body-Tags stellen den fachlichen Teil mit den wichtigen Daten dar. In dem gezeigten Beispiel ist das die Anforderung von Informationen über das Auto mit dem Kennzeichen `DO-FH 123`. Aus diesem Grund ist das Body-Element in einer SOAP-Nachricht Pflicht. Der Header hingegen ist obligatorisch und kann infrastrukturbedingte Informationen wie zum Beispiel Routing- und Sicherheitsparameter enthalten.

2.3.2 REST-Webservices

Neben SOAP gibt es noch die REST-Webservices. REST steht für Representational State Transfer und hat sich parallel zu SOAP als leichtgewichtige Variante entwickelt (vgl. [Fie00]). Architekturen, die REST-Webservices nutzen, werden auch als RESTful bezeichnet. Die Prinzipien dieser Technik werden schon längst, wenn auch vielleicht nicht bekannt, im Internet eingesetzt. Ressourcen und Methoden werden über einen Uniform Resource Identifier (URI) angesprochen; quasi wie der Aufruf einer Webseite. Dabei kommen die Standard HTTP-Methoden `GET`, `POST`, `PUT` und `DELETE` zum Einsatz (vgl. [Löw11]).

REST-Webservices können als Kollektion von Ressourcen angesehen werden. Jede dieser Ressourcen ist durch eine Basis URI zu erreichen, gefolgt von einer eindeutigen ID, die die gewünschte Ressource identifiziert. Ein Beispiel-Webservice, über den man Informationen über ein Auto über das KFZ-Kennzeichen als ID erhalten kann, könnte wie im folgenden Listing 2.2 über die HTTP-Methode `GET` aufgerufen werden.

```
1  http://example.de/ressourcen/autos/DO-FH_123
```

Quellcode 2.2: Beispiel eines Service-Aufrufs mittels REST

Dabei stellt die URI ohne das KFZ-Kennzeichen die Kollektion aller, über diesen Service registrierten, Autos dar. Mit diesem Prinzip können schließlich Ressourcen-basiert Webservices angeboten werden. Der Rückgabewert eines REST-Aufrufs kann, anders als bei SOAP-Webservices, variieren. So kann die Antwort, wie auch bei SOAP-Webservices, im XML-Format zurückgeliefert werden aber auch Formate mit weniger Overhead, wie zum Beispiel JSON (JavaScript Object Notation) sind weit verbreitet.

Das Pendant zur WSDL-Datei ist bei RESTful-Webservices die WADL-Datei (Web Application Description Language, vgl. [Had09]). Darüber können ebenfalls Services und deren Eingabe- und Ausgabeparameter deklariert werden.

2.4 OAGIS

Dieser Abschnitt sowie alle Unterabschnitte sind Auszüge meiner Forschungs- und Entwicklungsarbeit (vgl. [Bd12])

OAGIS ist ein transaktionsorientierter Business-Standard der Open Application Group Inc. (OAGi) für Dienste wie e-Commerce, Cloud-Computing, Service-orientierte Architekturen (SOA) und Webservices (vgl. [Ope12a]). Das Hauptproblem von verteilen und heterogenen Systemen ist die Kommunikation untereinander. Die große Herausforderung dabei ist, dass jedes System auch alle anderen Systeme „verstehen" kann. Mit der Spezifikation der Open Applications Group wurde dazu ein Standard eingeführt, der wie eine eigene Sprache für die Systemlandschaften zu verstehen ist. So ist es auch möglich, weitere Systeme anzukoppeln, die sich an der Kommunikation beteiligen können.

Die Geschäftsdokumente, die hierbei zwischen den Geschäftspartnern ausgetauscht werden, werden Business Object Documents (BODs) genannt. Ein solches BOD ist in zwei Bereiche unterteilt. Das ist zum einen die `ApplicationArea`, in der nicht-fachliche Daten, die meist technischer Natur sind, untergebracht sind. Das ist zum Beispiel die eindeutige Kennung des Senders oder aber auch der Zeitpunkt der Erstellung des BODs. Zum Anderen ist in dem Dokument der fachliche Teil in der `DataArea` untergebracht. Dieser Bereich ist, wie auch in Abbildung 2.4 zu sehen ist, in zwei weitere Bereiche unterteilt; in `Verbs` und `Nouns`.

Ein Noun (zu deutsch: *„Nomen"*) entspricht hierbei den wichtigen Geschäftsdaten, die weitläufig auch Business Objekte genannt werden. Dazu sind von OAGIS eine Vielzahl von Business Objekten spezifiziert worden (In Version 9.5.1 existieren 84 Nouns). Darunter ist zum Beispiel ein Noun für eine Bestellung (`PurchaseOrder`) oder für den Status einer Bezahlung (`PaymentStatus`).

Innerhalb eines jeden Nouns ist des Weiteren ein Block `Components` zu finden, innerhalb dessen der Block `Fields` vorzufinden ist. `Components` sind modulare Basisdatenblöcke, wie zum Beispiel der Block *Adressen*, die von allen BODs genutzt werden. Einige der `Components` sind von UN/CEFACT standardisiert und aus der Core Component Library entnommen (CCL, vgl. [Row05, S. 37 ff.] und [UNE12]). Die `Fields` sind ausschließlich

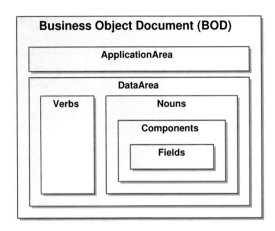

Abbildung 2.4: Architektur der BODs nach OAGIS (vgl. [Ope11])

die elementarsten Bestandteile in OAGIS, wie zum Beispiel die Attribute `description` und `name` (vgl. [Ope11]).

Das Verb, das ebenfalls zum Datenteil eines BODs gehört, beschreibt die Geschäftsoperation, die mit dem Business Objekt durchgeführt werden soll. Ein Beispiel für ein solches Verb ist zum Beispiel `Get`, mit dem eine Liste von Daten (entsprechend des Nouns) angefordert wird. In einem Verb sind, im Gegensatz zum Noun, allerdings nur einige, wenige Attribute deklariert. Ein Beispiel für ein Attribut des Verbs `Get` ist zum Beispiel `maxItems` für die maximale Anzahl der Datensätze, die zurückgeliefert werden sollen. Die Antwort auf diese Nachricht würde in diesem Fall mit dem Verb `Show` zurückgeliefert werden.

Durch die Kombination von Verb und Noun ergibt sich schließlich der Name des BODs. So ergibt zum Beispiel die Kombination des Verbs `Get` und dem Noun `PurchaseOrder` das BOD `GetPurchaseOrder`, welches mit dem BOD `ShowPurchaseOrder` beantwortet würde.

Ausgeliefert wird die Spezifikation von OAGi als Paket von XSD-Dateien. Jedes Noun ist dabei eine eigene XSD-Datei, die wiederum die fachlich benötigten Komponenten inkludiert. Auch vorgefertigte BODs sind in diesem Paket enthalten, also ausgewählte Kombinationen von Verbs und Nouns. Die Menge an XSD-Dateien sind nach fachlichen Bereichen modularisiert worden. So gibt es `Components` für verschiedenste Business-Bereiche wie zum Beispiel Finanzen (`FinancialComponents.xsd`) oder Logistik (`LogisticsComponents.xsd`).

Die Nachrichten, die in Form eines BODs ausgetauscht werden, haben die Form eines XML-Dokuments. Diese Dokumente können unabhängig von den Transportprotokollen der

Systeme ausgetauscht werden. Sie können zum Beispiel mit HTTP (RESTful) oder SMTP ausgetauscht werden, genauso gut aber auch in Webservice-basierte SOAP-Nachrichten gepackt werden.

2.5 Lightening und Flattening

Dieser Abschnitt sowie alle Unterabschnitte sind Auszüge meiner Forschungs- und Entwicklungsarbeit (vgl. [Bd12])

Unter Lightening und Flattening versteht man das Schmälern und Konsolidieren von XML-Schemadefinitionen. Das Lightening bezieht sich hierbei auf das Schmälern selbst. Hierbei kann eine gegebene XML-Schema-Struktur anhand einer vorgegebenen XML-Instanz auf die Elemente und Attribute der Instanz eingestampft werden. Dies ist in Abbildung 2.5 veranschaulicht.

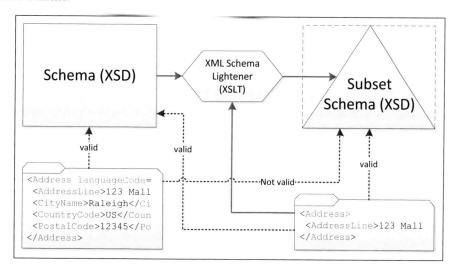

Abbildung 2.5: Lightening von XML-Schemadefinitionen (vgl. [Kie12])

Durchgeführt wird das Lightening durch einen XSLT-Prozessor und einer entsprechenden XSL-Lightener Implementierung. Als Input bekommt der Prozessor die zu schmälernde XSD-Struktur sowie die XML-Instanz, zu der die neue XSD-Struktur generiert werden soll. Als Output erhält man schließlich die neue XML-Schema Struktur, die nur die Elemente und Attribute enthält, die auch in der XML-Instanz vorhanden sind. Sinnvoll ist dies gerade bei sehr mächtigen XML-Schemata, aus denen lediglich Teilmengen für den eigenen Bedarf benötigt werden. Dies kann zum Beispiel bei OAGIS der Fall sein, deren XSD-Strukturen sehr mächtig sind und für viele verschiedenen Einsatzvarianten ausgelegt sind (siehe Kapitel

2.4). Der Vorteil dieser Technik ist nicht nur, dass die Schemata kleiner und überschaubarer werden, sondern auch, dass XML-Instanzen der neuen XSD-Strukturen nach wie vor valide gegenüber den unberührten XSD-Strukturen sind.

Durch das sogenannte *Flattening* der Datenstrukturen kann eine modularisierte Struktur von vielen XSD-Dateien zu einer zusammengefassten Struktur umgewandelt werden. Dies wird in Abbildung 2.6 verdeutlicht.

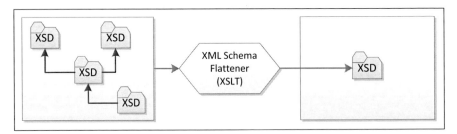

Abbildung 2.6: Flattening von XML-Schemadefinitionen (vgl. [Kie12])

Funktional wird jedes Inkludieren von Schemadateien aufgelöst und in die Schemadatei direkt eingefügt. Dadurch erhält man für jeden vorkommenden Namespace genau eine Schemadefinitionsdatei. Das Ziel dahinter ist, dass möglichst wenige Dateien verwaltet und veröffentlicht werden müssen, falls zum Beispiel ein Webservice bereitgestellt wird, der externe Schemadateien einbindet.

2.6 UN/EDIFACT

UN/EDIFACT (United Nations Electronic Data Interchange For Administration, Commerce and Transport, vgl. [Uni11]) ist ein standardisiertes Datenformat für den Austausch von einheitlichen Nachrichtentypen für Handelserleichterungen und elektronische Geschäftsprozesse. Die Standardisierung erfolgte durch die der vereinten Nationen (UN) zugehörige Einrichtung CEFACT (Centre for Trade Facilitation and Electronic Business, vgl. [Uni12a]).

UN/EDIFACT ist einer der EDI-Standards für den elektronischen Datenaustausch. Der Grundgedanke hinter EDI (Electronic Data Interchange) ist der schnelle Austausch von Geschäftsdaten zwischen Informationssystemen von Unternehmen und Organisationen. Durch die Automatisierung des Nachrichtenaustauschs durch EDV-gestützte Systeme werden menschliche Fehler weitestgehend vermieden, da eingegangene Nachrichten nicht mehr manuell erfasst werden müssen, wie es bei Briefen, bei Fax und bei E-Mail der Fall ist.

```
                Segment                   Bezeichner    Kardinalität

                Service String Advice     UNA           Optional
      _____    Interchange Header        UNB           Erforderlich
   |  ___       Functional Group Header   UNG           Optional
   |  |  _      Message Header            UNH           Erforderlich
   |  |  |      User Data Segments                      Nach Bedarf
   |  |  |_     Message Trailer           UNT           Erforderlich
   |  |____     Functional Group Trailer  UNE           Optional
   |_____     Interchange Trailer       UNZ           Erforderlich
```

Quellcode 2.3: Aufbau einer UN/EDIFACT-Nachricht (vgl. [Uni12b])

Der EDI-Standard UN/EDIFACT wird fortlaufend erweitert und aktualisiert. Die Versionen werden als Verzeichnis (engl. „*Directory*") angeboten, aus deren Namen der Erscheinungszeitpunkt ersichtlich ist. Ein Verzeichnis hat zum Beispiel den Namen D 09 B und liest sich wie „Verzeichnis aus dem Jahr 2009, zweites Release". Der letzte Buchstabe ist fortlaufend und kennzeichnet die erschienene Version im angegebenen Jahr (vgl. [Uni10c])

Eine Nachricht nach diesem Standard ist in unterschiedliche Segmente aufgeteilt. Jedes dieser Segmente ist durch eine eindeutige Kennzeichnung deklariert. In Listing 2.3 ist der generelle Aufbau dargestellt.

Die Segmente verhalten sich dabei wie Umschläge und kapseln somit einzelne Datenblöcke. So ist der äußerste Umschlag der sogenannte `Interchange`. Er beginnt mit einem Header und endet mit einem Trailer. Innerhalb dieses Umschlags gibt es optionale und erforderliche funktionale Gruppen. Darin wird die eigentliche Nachricht (`Message`) strukturiert gekapselt. Diese Nachricht kann wiederum nach Bedarf eigene Segmente enthalten. Zusätzlich zu diesen Umschlägen kann einer Nachricht optional der Bezeichner `UNA` beigefügt werden. Die damit angegebenen Zeichen legen fest, wie einzelne Segmente und Inhalte getrennt werden.

Ein Beispiel für eine Nachricht innerhalb einer UN/EDIFACT-Nachricht ist in Listing 2.4 zu sehen (Die Zeilenumbrüche dienen nur zur Verdeutlichung der Struktur). Hierbei wird zu Beginn der Message Header mit `UNH` eingeleitet, gefolgt von den gewünschten Daten, die hier beispielhaft mit `data` angegeben sind. Das Trennzeichen „+" separiert den Header-Deskriptor von den eigentlichen Daten. Den Abschluss eines Elements kennzeichnet das Apostroph „'". Nach der Beschreibung des Headers folgen einige Beispiel-Segmente im `User Data Segment`-Bereich. Durch den Doppelpunkt mit der anschließenden Ziffer an einem Bezeichner wird deklariert, ob es mehrere Vorkommen des Elements gibt. Diese werden dann durchnummeriert. So gibt es zwei BBB-Elemente, `BBB:1` und `BBB:2`. Verschachtelte Elemente

```
UNH+data'
AAA+data'
BBB:1+data'         // Item 1 of BBB
BBB:2+data'         // Item 2 of BBB
CCC:1+data'         // Item 1 of CCC
DDD:1:1+data'       // Item 1 of DDD in CCC(1)
DDD:1:2+data'       // Item 2 of DDD in CCC(1)
CCC:2+data'         // Item 2 of CCC
DDD:2:1+data'       // Item 1 of DDD in CCC(2)
EEE+data'
UNT+data'
```

Quellcode 2.4: Beispiel UN/EDIFACT-Nachrichtsegment (vgl. [Uni12b])

können durch weitere Doppelpunkte mit dem angefügten Index des Vorgängers deklariert werden, zum Beispiel `DDD:2:1` als erstes `DDD`-Kindelement des zweiten `CCC`-Elements.

In der UN/EDIFACT-Spezifikation sind vordefinierte Nachrichten für verschiedene Anwendungsfälle beschrieben. So gibt es Nachrichten, die für Rechnungsmitteilungen vordefiniert wurden, für Bestellungen, Lieferankündigungen und viele mehr. Aufgrund der Vielfalt der unterschiedlichen Nachrichten wurden Teilmengen der Spezifikation für verschiedene Branchen eingeführt. Bekannte Vertreter der Teilmengen sind EANCOM für die Konsumgüterindustrie, EDIFICE für die High Tech Industrie sowie ODETTE für die Automobilindustrie.

2.7 Enterprise Service Bus (ESB)

Ein Enterprise Service Bus stellt ein Konzept in einer verteilten Softwareinfrastruktur und in einer Service-orientierten Architektur (SOA) dar. Er wird dazu verwendet, heterogene Anwendungen voneinander zu entkoppeln und dennoch die Kommunikation untereinander zu ermöglichen. Dabei gibt es unterschiedlichste Architekturmodelle, wie ein ESB aufgebaut ist und diverse höherwertige Funktionalitäten, die damit umgesetzt werden können. In den nächsten zwei Abschnitten werden Architekturunterschiede und Funktionalitäten näher erläutert.

2.7.1 Architekturmodelle

ESBs können grundsätzlich unterschiedlich aufgebaut sein. Es gibt verschiedene Möglichkeiten Systeme anzubinden und Nachrichten zwischen diesen weiterzuleiten. Auch die Art, wie ein ESB in die Softwareinfrastruktur eingebunden wird, differiert von ESB zu ESB. Grundsätzlich ist der Enterprise Service Bus aber die Schnittstelle aller Applikationen in der definierten Anwendungslandschaft und wird auch Middleware genannt (siehe Abbildung 2.7).

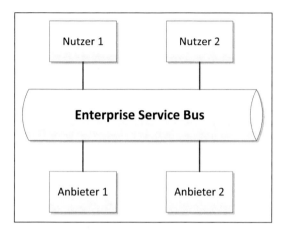

Abbildung 2.7: Ein ESB als Architekturkonzept

Die angekoppelten Anwendungen sind entweder Nutzer von Services (Client) oder sie sind selbst Anbieter von Services (Server). Die Kombination von Nutzen und Anbieten zur selben Zeit ist auch möglich. Der ESB ist eine komplexe Schicht, die Entscheidungen treffen kann und somit Einfluss auf die Kommunikation nimmt. Verschiedene ESB-Architekturen unterscheiden sich dabei in den internen Verarbeitungsweisen. Dazu gehört unter Anderem die *Punkt-zu-Punkt* Verbindung von Client und Server, die der ESB herstellt, oder die *Vermittlung* des Clients an einen Server durch spezifische Merkmale in der Nachricht (vgl. [Jos08, S. 67 f.]).

Bei der ersten Möglichkeit, der Punkt-zu-Punkt Anbindung, weiß der Client schon vor Beginn des Aufrufs, welcher Server für den Serviceaufruf genutzt wird. Der Client wendet sich mit der Adresse des Servers an den ESB, der wiederum die Verbindung aufbaut. Bei diesem Ansatz entsteht eine engere Kopplung zwischen diesen Systemen. Bei Serviceausfällen muss der Client selbst reagieren und einen entsprechend anderen Server auswählen. Auch wenn sich zum Beispiel die Adresse des Servers ändert, müssen alle Clients die Änderung vornehmen.

Die zweite Möglichkeit der Vermittlung ist eine losere gekoppelte Lösung. Der Client teilt dem ESB in seiner Nachricht mit, welchen Service er aufrufen möchte. Dies kann zum Beispiel durch einen einfachen Identifier realisiert werden. Anhand dessen kann der ESB den entsprechenden Server auswählen und die Nachricht weiterleiten. Auf diese Weise können auch höherwertige Funktionalitäten hinzugefügt werden (siehe nächsten Abschnitt), wie zum Beispiel ein Lastausgleich.

Weiterhin können sich ESBs dahingehend unterscheiden, ob sie *Protokoll-* oder aber *API-getrieben* sind (vgl. [Jos08, S. 71 ff.]). Beim Protokoll-getriebenen Ansatz, wie es bei Webservices der Fall ist, wird der ESB über ein festgelegtes Protokoll angesprochen (bei Webservices zum Beispiel HTTP(S)). Dies hat den Vorteil, dass, egal welches Betriebssystem oder welche Programmiersprache genutzt wird, nur das Protokoll implementiert worden sein muss. Bei technischen Änderungen an den gekoppelten Systemen oder auch am ESB selbst müssen jeweils bei den anderen Systeme keine Änderungen vorgenommen werden. Problematisch wird es allerdings, wenn sich durch technischen Fortschritt das Protokoll ändert und man vom neuen Protokoll profitieren möchte. In diesem Fall müsste an allen Stellen Hand angelegt werden.

Die Alternative wäre ein API-getriebener ESB. Dabei werden plattformspezifische Eigenschaften im ESB verwendet. Ein Client kann dann zum Beispiel einen Service direkt über die Programmiersprache Java ansprechen. Dabei ergibt sich ein großer Unterschied im Entwicklungsprozess. Bei einem Protokoll-getriebenen Ansatz können die einzelnen Systeme unabhängig voneinander realisiert werden. Welche Frameworks, welche Programmiersprachen oder welches System allgemein genutzt wird, spielt dabei keine Rolle. Beim API-getriebenen Ansatz müssen sich hingegen die Entwickler untereinander absprechen, falls zum Beispiel neue Versionen eines Moduls eingeführt werden sollen (vgl. [Jos08, S. 72]).

2.7.2 Funktionalitäten

Ein ESB kann für verschiedenste Aufgaben in einer Softwarearchitektur eingesetzt werden. Hauptverantwortlich ist er für das Bereitstellen von Services, damit sie durch einen Nutzer aufgerufen werden können. Die Services selbst werden dabei aber meist nicht von dem ESB selbst implementiert sondern von einer anderen Instanz. Demzufolge wird der ESB ein *Routing* einleiten, um den eingegangenen Serviceaufruf zu dem eigentlichen Serviceanbieter weiterzuleiten. Auch für die Rückantwort muss dieser Mechanismus angewandt werden. Dieser Aspekt wird auch als *Mediation* (auf Deutsch: „*Vermittlung*") bezeichnet (vgl. [Jos08, S. 63 ff.]).

Die einfache Weiterleitung von Nachrichten kann mit einem ESB zu einem komplexen Business Prozess ausgebaut werden. Durch das Koordinieren von mehreren Services (*Orchestrierung*) können so zustandsbehaftete Geschäftsabläufe realisiert werden. Dies ist durch eine Prozess Engine möglich, die an den ESB gekoppelt wird (vgl. [Cha04, S. 140 ff.]).

In der heutigen heterogenen IT-Landschaft ist es meist aber nicht ausreichend, Nachrichten ohne weitere Verarbeitung weiterzuleiten. Verschiedene Systeme verwenden unterschiedliche Nachrichtenformate. Der ESB kann dazu genutzt werden, die Nachrichten zwischen diesen Systemen zu übersetzen. Durch die *Tranformation* ist es somit möglich, Anwendungen zu koppeln, die sich direkt gekoppelt nicht verstehen würden. Ferner noch bekommen die Systeme von der Transformation gar nichts mit. Die Implementierung und Wartung ist entsprechend an eine andere Instanz übertragen worden.

Dadurch, dass die Services zentral in einem ESB verwaltet werden, besteht die Möglichkeit, Datenverkehr zu überwachen und zu protokollieren. Das *Monitoring* erlaubt es, Engstellen in der Softwarearchitektur oder gar Fehlerquellen aufzuspüren.

Dies führt uns zu dem Punkt der *Zuverlässigkeit*. Mit einem ESB können nicht durchführbare Serviceaufrufe eingereiht und zu einem späteren Zeitpunkt erneut ausgeführt werden. Eine angekoppelte Message Queue behält die Nachrichten dabei solange vor, bis ein Nachrichtenaufruf erfolgreich war. Durch die Zwischenspeicherung der Daten gehen keine Daten verloren und dies trägt somit zur Zuverlässigkeit bei. Aber auch Lastspitzen eines Services können durch redundante Services durch ein Load Balancing vermieden werden. Der Client bekommt davon nichts mit.

Auch mit dem Aspekt der *Sicherheit* kann ein ESB umgehen. So können Datenverbindungen verschlüsselt und der Zugriff durch eine Authentifizierung abgesichert werden (vgl. [Jos08, S. 63 ff.]).

Kapitel 3

Logistics Mall - Cloud-Computing für die Logistik

Die Fraunhofer Institute für Software- und Systemtechnik (ISST) und für Materialfluss und Logistik (IML) forschen an einer Cloud-Computing Infrastruktur für logistische Dienste, die den Namen Logistics Mall trägt (vgl. [Fra12]). Ziel ist es, kleinen und mittleren Unternehmen (KMU) den Einkauf und die Pflege von komplexen Informationssystemen zu ersparen. Viel mehr soll es ihnen gestattet sein, für sie angepasste Logistikprozesse einzukaufen, ohne mit technischen Aspekten in Kontakt zu treten. Abgerechnet wird auf Basis der realen Nutzung.

Im folgenden Abschnitt wird die Logistics Mall näher erläutert, also welche Konzepte dahinter stecken, wer daran beteiligt ist und wie ein Beispielprozess aussehen könnte. Anschließend werden die Anforderungen an einen ESB für die Mall beschrieben, die sich daraus ergeben, dass die Mall bei einem externen Betreiber ausgeführt wird.

3.1 Konzept

Es gibt fünf Akteure im Konzept der Mall. Als Hauptakteur ist der *Logistik-Kunde* anzusehen, der in aller Regel ein KMU ist, das nicht die Ressourcen hat, große Informationssysteme einzukaufen, zu installieren und allgemein zu betreiben. Viel mehr benötigt das Unternehmen eine einfache logistische Abarbeitung von immer wiederkehrenden Aufträgen. Genau an diesem Punkt greift schließlich die Logistics Mall mit dem Cloud-Computing Ansatz, sodass es dem Logistik-Kunden möglich ist, ein genau für ihn angepasstes Logistik-Produkt oder gar einen ganzen Logistik-Prozess einzukaufen. Das können sowohl einzelne Systeme sein, als auch mehrere kombinierte Systeme für komplexe Abläufe.

Ein Logistik-Prozess ist eine Verkettung von Einzelprodukten, die nacheinander ausgeführt werden. Das könnte zum Beispiel eine Auftragserfassung, eine Kommissionierung oder aber auch der Transport von einer Ware sein. Diese Produkte beziehungsweise Dienste müssen von einem weiteren Akteur, hier der *Logistik-Dienstleister*, angeboten und der Logistics Mall bereitgestellt werden.

Damit diese von den Dienstleistern angebotenen Produkte der Mall im technischen Sinne zur Verfügung stehen, also der Kunde diese im Marketplace der Mall auswählen kann, gibt es den *IT-Dienste-Entwickler*. Durch bereitgestellte Werkzeuge kann dieser ohne große Umwege neue Prozesse einfügen. Die Verkettung von Diensten zu einem ausführbaren Gesamtprozess kann durch den vierten Akteur, dem *Logistikprozess-Designer*, durchgeführt werden. Auch ihm werden dazu spezielle Werkzeuge bereitgestellt.

Der sich im Hintergrund befindliche fünfte Akteur ist schließlich für den Betrieb der Plattform zuständig. Er sorgt dafür, dass die Mall stets verfügbar ist und stellt somit die Hardware und Bandbreite zur Verfügung. Anhand des Gebrauchs der Anwendungen, Services und Prozessen stellt dieser auch den tatsächlichen Verbrauch den Kunden in Rechnung.

In Abbildung 3.1 ist dieses Gesamtkonzept veranschaulicht.

3.2 Anforderungen an den ESB

Es wird ein Enterprise Service Bus gesucht, der für die Softwareinfrastruktur der Logistics Mall am geeignetsten ist. Dabei spielen nicht nur technische Aspekte eine Rolle, sondern vor allem auch Aspekte der Usability. Der Betrieb dieser Cloud-Computing Lösung wird von einem externen Betreiber geleistet. Aufgrund dieser Tatsache ergeben sich spezielle Anforderungen.

Die Mitarbeiter des Betreibers sind Administratoren von Computersystemen innerhalb eines Rechenzentrums. Es kann daher nicht davon ausgegangen werden, dass Kenntnisse in Softwarearchitektur und -entwicklung vorhanden sind. Zu den Aufgaben dieser Mitarbeiter im Betrieb der Logistics Mall gehört unter anderem aber die Einbindung von neuen Anwendungen, sowie die Installation und Konfiguration von Routen zwischen den neuen und vorhandenen Anwendungen. Dementsprechend ist es wichtig, dass der ESB komfortabel bedient werden kann. Eine übersichtlich und intuitiv gestaltete Oberfläche stellt somit eine wichtige Anforderung dar, die bei der Auswahl berücksichtigt werden muss.

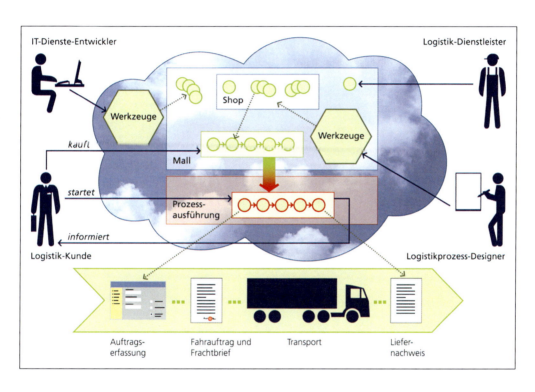

Abbildung 3.1: Idee der Logistics Mall, Grafik: Fraunhofer ISST

Es gibt aber auch weitere Anforderungen an den ESB, die unbedingt eingehalten werden müssen. Drei von diesen Anforderungen, die leicht ermittelt werden können, sind Grundlage für die erste Auswahl von Produkten aus dem Markt. Nur die ESBs, die diese Kriterien erfüllen, werden in dieser Arbeit näher untersucht.

1. Das erste Pflichtkriterium ist, dass das Produkt einer freien Lizenz unterliegen muss und somit kostenlos kommerziell eingesetzt werden kann. Dadurch sind die initialen Anschaffungskosten für das Projekt deutlich geringer. Weitere Vorteile sind die Einsichtnahme in den Source Code, um Probleme besser ermitteln zu können oder um Abläufe besser verstehen zu können. Je nach Lizenzmodell sind auch eigene Anpassungen möglich.

2. Das zweite Pflichtkriterium ist, dass der ESB mindestens mit der Programmiersprache Java arbeitet, das heißt, dass wenn eigene Erweiterungen oder Komponenten entwickelt werden, keine andere höhere Programmiersprache verwendet werden muss. Dies liegt darin begründet, dass die Logistics Mall auf Java-Technologie basiert.

3. Das dritte Pflichtkriterium an den ESB ist, dass die ausführbare Version auf einem Linux/Unix Betriebssystem lauffähig sein muss. So ist sichergestellt, dass auch bei hoch performanten Serversystemen des externen Betreibers der Bus eingesetzt werden kann.

Es gibt noch viele weitere Anforderungen und Kriterien an einem ESB. Diese müssen jedoch für jedes Produkt detaillierter betrachtet werden. Diese Arbeit ist in zwei Teile untergliedert, dem Vergleich anhand der Herstellerangaben (Recherche) und dem anschließenden praktischen Vergleich. In den jeweiligen Kapiteln werden weitere Anforderungen und Kriterien für beide Vergleiche erläutert und die ESBs danach untersucht.

Es sei jedoch anzumerken, dass in dieser Arbeit nicht alle möglichen Kriterien untersucht werden können. Wichtige Eigenschaften wie zum Beispiel Performanz, Skalierbarkeit und Sicherheit spielen in dieser Untersuchung keine Rolle, da das Hauptaugenmerk aus Aufwandsgründen auf die Usability der ESBs gelegt wird, sowie auf die Nutzbarkeit in Logistics Mall nahen Szenarien.

Kapitel 4

Marktübersicht

In diesem Kapitel werden die ESBs kurz vorgestellt, die in der Evaluation dieser Arbeit untersucht werden. Bei der initialen Auswahl dieser ESBs wurden Pflichtkriterien, die unbedingt zu erfüllen sind, berücksichtigt: ein Java Stack, eine Open Source Lizenz sowie die Verfügbarkeit des Servers für das Unix/Linux Betriebssystem.

In Tabelle 4.1 im Abschnitt 4.2 sind Kenndaten über die zu untersuchenden ESBs dargestellt. Dazu gehören Produktname und Name des kommerziellen Produkts. So gibt es Unternehmen, die gänzlich Open Source getriebene Produkte, die durch die Community entwickelt werden, unter einem anderen Namen kommerziell unterstützen und entsprechende Service Modelle anbieten. In diesem Fall werden beide Produktnamen als Spaltenüberschrift angegeben.

Ein weitere Möglichkeit ist, dass ein Unternehmen das Produkt zum einen kostenlos und zum anderen kommerziell zur Verfügung stellt. In diesem Fall wird nur der Produktname des kostenlosen ESBs in die Spaltenüberschrift übernommen. Der kommerzielle Produktname wird dann explizit angegeben.

Viele der ESBs basieren auf bekannte Frameworks. Es gibt auch ESBs, die sich andere ESBs zunutze machen und ausbauen. In der Tabelle werden unter *Basisframeworks* die jeweiligen Abhängigkeiten aufgelistet.

Des Weiteren ist die Version angegeben, die das Produkt zum Zeitpunkt dieser Untersuchung hat (Stand Juni 2012) sowie das jeweilige Lizenzmodell. Im Grundlagenkapitel 2.2 wird ein kurzer Überblick über die hier vorkommenden Lizenzen gegeben.

Im folgenden Abschnitt werden die einzelnen ESBs und deren Besonderheiten kurz beschrieben.

4.1 Produkte

Die in dieser Arbeit untersuchten ESB werden in diesem Abschnitt beschrieben. Die Auswahl der Produkte fand anhand der Pflichtkriterien der Programmiersprache Java, der Unterstützung des Betriebs auf einem Linux/Unix System sowie einer Open Source Lizenz, die eine kommerzielle Nutzung ermöglicht, statt.

Apache ServiceMix / Fuse ESB

ServiceMix[1] ist ein ESB der Apache Software Foundation. Wie der Name vermuten lässt ist dieses Produkt eine Zusammenfassung von verschiedenen Tools. Dazu gehört Apache ActiveMQ für zuverlässiges Message Queueing, Apache Camel für die Mediation und dem Einsatz von Enterprise Integration Pattern und Apache CXF für SOAP- und RESTful Webservices. Des Weiteren dient Apache Karaf als OSGi-basierte Laufzeitumgebung sowie Apache ODE als WS-BPEL Prozess Engine.

Fuse ESB[2] ist ein von der Firma FuseSource zertifiziertes Produkt, das auf einer stabilen Version von Apache ServiceMix beruht. Für diese Version werden Service Subscriptions und Supportdienstleistungen angeboten.

Apache Synapse / WSO2 ESB

Synapse[3] ist ein weiterer Enterprise Service Bus der Apache Software Foundation. Er ist als leichtgewichtig und hoch performant beschrieben. Apache Synapse enthält eine asynchrone Mediation Engine und unterstützt SOAP- und RESTful-Webservices sowie viele andere Formate.

WSO2[4] ESB ist ein Open Source ESB basierend auf Apache Synapse. Die Firma WSO2 bietet jedoch kommerziellen Support und Trainings an. Der ESB ist Bestandteil der WSO2 Carbon Plattform, die weitere Funktionalitäten bündelt, wie zum Beispiel einem Anwendungsserver und einer Business Process Engine.

---

[1] http://servicemix.apache.org/
[2] http://fusesource.com/products/enterprise-servicemix/
[3] http://synapse.apache.org/
[4] http://wso2.com/

ChainBuilder ESB

ChainBuilder ESB[5] der Bostech Group basiert auf Apache ServiceMix und bietet einige Tools zur grafischen Konfiguration des JBI-konformen ESBs an.

JBoss ESB

JBoss ESB[6] ist ein Community Projekt der Redhat Incorporation. Es ist eine selbstständige Lösung und integriert Produkte aus der eigenen Sparte wie JBossWS und jBPM, um den ESB an Funktionen abzurunden. Der ESB ist Teil der JBoss Enterprise Middleware SOA Platform und wird somit direkt durch Redhat unterstützt.

Mule ESB

Der ESB von MuleSoft[7] ist eine proprietäre Open-Source Lösung. Mit über 100.000 Anwendern und über 3.000 Unternehmen, die diesen ESB einsetzen, gehört Mule ESB zu den gefragtesten Produkten. Es gibt eine kostenlose Community Edition sowie eine Enterprise Version, in der diverse Erweiterungen vorhanden sind und kommerzieller Support zur Verfügung gestellt wird.

Open ESB / Glassfish ESB

Open ESB[8] ist ein unter Sun entwickelter Community ESB. Durch die Akquise von Sun durch Oracle wurde allerdings die unternehmerische Weiterentwicklung des Projekts gestoppt, da Oracle einen eigenen, kommerziellen und nicht Open-Source ESB in seinem Portfolio hat. Die Weiterentwicklung des Community Projekts wird allerdings kommerziell von der Firma LogiCoy[9] vorangetrieben, die auch kommerziellen Support zur Verfügung stellt. Glassfish ESB ist schließlich der Name der Distribution des Open ESBs, der vertrieben wird.

---

[5] http://bostech-cbesb.sourceforge.net/
[6] http://www.jboss.org/jbossesb/
[7] http://www.mulesoft.org/
[8] http://openesb-dev.org/
[9] http://www.logicoy.com/

Petals ESB

Petals ESB[10] von PetalsLink, ehemals EBM Websourcing, Mitglied des OW2 Middleware Konsortiums, ist ein Enterprise Service Bus mit Fokus auf Heterogenität und Verteiltheit. Mehrere verteilte Instanzen lassen sich zu einem virtuellen Bus zusammenfügen. Somit liegen die Stärken in der Hochverfügbarkeit und Zuverlässigkeit. Unterstützung bekommt der Entwickler direkt bei PetalsLink.

Talend ESB

Talend ESB[11] ist ein Produkt der Firma Talend. Der ehemalige ESB Sopera ASF wurde von Talend akquiriert und ist in den aktuellen Talend ESB übergegangen. Die Basis des ESBs sind die gleichen Frameworks, die größtenteils auch Apache ServiceMix als Basis hat. Das sind die Apache Frameworks CXF, Camel, ActiveMQ und Karaf. Neben dem Enterprise Service Bus bietet Talend unter anderem auch Produkte zur Datenintegration und zum Business Process Management an. Zusätzlich wird jeweils ein Open Studio angeboten, mit denen die Produkte konfiguriert werden können.

Ultra ESB

Der von AdroitLogic entwickelte Ultra ESB[12] ist nach eigenen Angaben und Tests der schnellste auf dem Markt befindliche Enterprise Service Bus. Der Bus ist mit knapp 35MB leichtgewichtig und unterstützt Applicability Statement 2 (AS2) als Standard zum gesicherten Nachrichtentransport mit dem EDI-Nachrichtenformat. Auch bei diesem ESB bekommt der Entwickler kommerziellen Support direkt vom Hersteller.

4.2 Übersicht und Kenndaten

Im folgenden ist eine Tabelle dargestellt, die alle Kenndaten der unterschiedlichen ESBs präsentiert. Dazu gehören Produktname, kommerzieller Produktname, die in dieser Arbeit betrachtete Version, Frameworks, die im ESB eingesetzt werden, sowie die Lizenz (siehe Grundlagenkapitel 2.2), unter die der ESB steht.

---

[10] http://petals.ow2.org/
[11] http://www.talend.com/products/esb-standard-edition.php
[12] http://www.adroitlogic.org/

Übersicht / Kenndaten	Apache ServiceMix / Fuse ESB	Apache Synapse / WSO2 ESB	ChainBuilder ESB
Kommerzieller Produktname	Fuse ESB	WSO2 ESB	-
Firma	FuseSource Corp. Tochterfirma von Progress Software	WSO2	Bostech Corporation
Webseite	http://servicemix.apache.org http://fusesource.com	http://synapse.apache.org http://wso2.com	http://bostech-cbesb.sourceforge.net
Version	4.4.1	4.0.3	2.0.0
Basisframeworks	Apache CXF, Apache ActiveMQ, Apache Camel, Apache Karaf, Apache ODE	Apache Axis2	Apache ServiceMix
Lizenz	Apache License, Version 2.0	Apache License, Version 2.0	GNU General Public Licence (GPL)

	JBoss ESB	Mule ESB	Open ESB / GlassFish ESB
Kommerzieller Produktname	Enterprise SOA Platform	Mule ESB Enterprise	GlassFish ESB
Firma	Red Hat Inc.	MuleSoft Inc.	LogiCoy Inc.
Webseite	http://www.jboss.org/jbossesb	http://www.mulesoft.org	http://openesb-dev.org http://www.logicoy.com
Version	4.10	3.2.1	2.2
Basisframeworks	JBossWS, jBPM, Apache Smooks	Apache CXF	-
Lizenz	Lesser General Public License, Version 2.1 (LGPL v2.1)	Common Public Attribution Licence Version 1.0 (CPAL)	Common Development and Distribution License (CDDL)

	Petals ESB	Talend ESB	Ultra ESB
Kommerzieller Produktname	-	alt: Sopera ASF	-
Firma	PetalsLink (ehemals EBM Websourcing)	Talend Inc. (Sopera)	AdroitLogic Private Ltd.
Webseite	http://petals.ow2.org	http://www.talend.com	http://www.adroitlogic.org
Version	4.0	5.1.1	1.7
Basisframeworks	-	Apache CXF, Apache Camel, Apache Karaf, Apache ActiveMQ, Apache Smooks	-
Lizenz	Lesser General Public License, Version 2.1 (LGPL v2.1)	Apache License, Version 2.0	GNU Affero General Public License (AGPL)

Tabelle 4.1: Übersicht der zu untersuchenden ESBs

Kapitel 5

Vergleich nach Herstellerangaben und Eingrenzung der ESBs

Es existiert eine Vielzahl an ESBs auf dem Markt. Um an zwei zu vergleichende Produkte für das eigene Szenario mit geeignetem Aufwand zu gelangen, die spezielle Anforderungen erfüllen müssen, muss eine Analyse durchgeführt werden. In diesem Kapitel werden eine Reihe von Produkten anhand ihrer publizierten Eigenschaften, wie zum Beispiel ihren Dokumentationen und Communities, untersucht. Bei signifikanten Einschränkungen, auch im Vergleich zu den anderen Produkten, werden Produkte ausgeschlossen.

Es nehmen an der Untersuchung nur ESBs teil, die die Pflichtkriterien einhalten. Diese Produkte wurden bereits in Kapitel 4 vorgestellt. Im nächsten Abschnitt werden diese Kriterien genauer vorgestellt und begründet.

Die weitere Vorgehensweise ist mehrstufig. Pro Stufe werden spezifische Kategorien untersucht. In die jeweils nächste Stufe zur weiteren Analyse kommen nur die ESBs, die keine groben Mängel vorweisen. Scheiden ESBs aus, werden die gefundenen Mängel begründet.

In der letzten Stufe werden schließlich die verbleibenden ESBs gegenübergestellt und einem direkten Vergleich unterzogen, um somit zu einer Auswahl von zwei ESBs zu gelangen, die an dem praktischen Vergleich teilnehmen werden.

5.1 Pflichtkriterien

Aus den Anforderungen an den ESB für die Logistics Mall ergeben sich Kriterien, die zwingend erfüllt werden müssen (siehe Abschnitt 3.2). Nur ESBs, die diese Kriterien erfüllen, werden deshalb in der Vorauswahl untersucht. In den nächsten Abschnitten werden diese Pflichtkriterien näher erläutert. Die im Kapitel 4 – Marktübersicht aufgeführten ESBs wurden bereits danach ausgewählt.

5.1.1 Open Source

Das erste Pflichtkriterium für den ESB für die Logistics Mall ist eine Open Source Lizenzierung. Der Hauptgrund dafür ist, dass keine Erwerbskosten anfallen und das Produkt ohne Gebühr kommerziell genutzt werden darf. Für Fehlerbeseitigungen, die innerhalb der Open Source Community durchgeführt wurden, fallen ebenfalls keine Gebühren an. Die Nutzung von Open Source Software senkt zunächst die Investitions- und Entwicklungskosten des Betreibers. Bei einer erfolgreichen Einführung kann dann gegebenenfalls auf die kommerzielle Variante gewechselt werden.

Ein weiterer Vorteil an Open Source Software ist, dass bei schwerwiegenden Problemen, die nicht durch Debugging der eigenen Konfiguration beziehungsweise des eigenen Codes entdeckt werden, ein Einblick in die Original Quellcodes geworfen werden kann. Durch die meist vorhandenen Dokumentation (insbesondere JavaDoc) kann dabei der fremde Source Code besser nachvollzogen werden, als es zum Beispiel mit Dekompilierungstools der Fall ist. Wenn der Fehler dadurch entdeckt wurde, kann er, wenn es die Lizenz gestattet (Copyleft-Klausel), entweder direkt behoben oder aber der Community mitgeteilt werden.

5.1.2 Programmiersprache Java

Ebenfalls kostenlos und für kommerzielle Zwecke nutzbar ist die Programmiersprache Java. Als Pflichtkriterium müssen die ESBs mindestens diese Sprache unterstützen, da die Logistics Mall auf Java-Technologien basiert. So soll verhindert werden, dass in dem System zu viele unterschiedliche Technologien eingesetzt werden und somit ein breites Spektrum an Fachwissen vorausgesetzt werden muss. Java gilt als eine der populärsten Programmiersprachen (vgl. [O'G12]) und verfügt über diverse Erweiterungen (Frameworks), die nach Belieben eingesetzt werden können.

5.1.3 Betriebssystem Unix/Linux

Die Logistics Mall wird von einem externen Betreiber in Betrieb genommen und verwaltet. Die Serversysteme sind dabei reine Linux/Unix Systeme. Aus diesem Grund müssen die zu untersuchenden ESBs volle Unterstützung für diese Betriebssysteme bieten.

5.2 Stufe 1: Kommerzieller Support

In der ersten Stufe der Vorauswahl werden die Produkte ausgefiltert, für die kein ausreichender kommerzieller Support verfügbar ist. Dieser ist insofern wichtig, damit der Betreiber, der die Logistics Mall selbst nicht implementiert hat, im Bedarfsfall professionelle Hilfestellungen erhalten kann, wenn die Mall um weitere Anwendungen erweitert werden soll, beziehungsweise falls vorhandene Konfigurationen angepasst werden müssen.

5.2.1 Untersuchte Teilaspekte

Im Schritt der Untersuchung des kommerziellen Supports der Anbieter werden folgende Eigenschaften betrachtet:

Erreichbarkeit

Es wird untersucht, mit Hilfe welcher Medien der Support erreicht werden kann. Das kann zum Beispiel per Telefon oder per Email der Fall sein. Aber auch spezielle Onlineformulare und ähnliches sind möglich. Ein direkter telefonischer Kontakt kann bei dringlichen Problemen sehr hilfreich sein, aber auch ein Ansprechpartner per E-Mail ist hilfreich bei mehreren benötigten Kommunikationsfolgen zur Lösung eines Problems.

Sprache (Deutsch / Englisch)

Hierbei wird die Sprache des Supports betrachtet. Also mit welcher Sprache der Support des Anbieters kontaktiert werden kann. Dabei ist Englisch Pflicht und Deutsch ein Plus für Leute, die der englischen Sprache nicht mächtig sind.

Tageszeiten

Dieser Punkt betrachtet die Verfügbarkeit des Supports zu den verschiedenen Tageszeiten. Beispielsweise acht Stunden am Tag und fünf Tage die Woche (8x5) oder 24 Stunden am Tag sieben Tage die Woche (24x7). Falls es vom Anbieter gewünscht ist, kann eine Service-Zeit, die auch außerhalb der normalen Arbeitszeit liegt, vom Vorteil sein, falls es zu kritischen Problemen kommt.

Technical Account Manager

Ein Technical Account Manager (TAM) ist ein persönlicher Kundenbetreuer, der der erste Ansprechpartner bei technischen Problemen ist. Durch einen zugewiesenen persönlichen Kontakt ist eine schnellere Abwicklung von Problemen möglich.

Entwickler-Unterstützung

Bei diesem Punkt wird die Entwicklungsunterstützung der Supportdienstleister untersucht. Also, ob es zum Beispiel Hilfestellungen bei der Erstellung der Architektur gibt, ob Testkonfigurationen angepasst an die gewünschten Szenarien bereitgestellt werden können (Proof-of-Concepts), oder ob eine kundenspezifische Entwicklung von Teilaspekten angeboten wird.

Unterstützung im Produktivbetrieb

Der untersuchte Gegenstand ist die Unterstützung durch den Anbieter im produktiven Betrieb des ESBs. Dazu gehört die Unterstützung bei gefundenen Bugs, ob Service Packs und Updates inkludiert sind und wie viele Störfälle im Jahr des Abonnements (engl. *„Subscription"*) angeboten werden.

Training

Schließlich wird das Angebot an Traningseinheiten untersucht hinsichtlich der Individualität und der organisatorischen Form. Also, ob ein Training zum Beispiel virtuell über das Internet oder auch direkt vor Ort stattfinden kann.

5.2.2 Ergebnis

Die Untersuchung hat ergeben, dass die meisten ESBs über einen angemessenen kommerziellen Support verfügen und somit in der nächsten Stufe weiter untersucht werden. Bei diesem Schritt ist jedoch der ChainBuilder ESB ausgefallen, da dieses Produkt nicht weiter durch den Anbieter unterstützt wird. Die jetzige Lösung des Anbieters (ChainBuilder Connect) ist keine Open Source Software und wird daher nicht weiter untersucht.

Als weiteres Produkt scheidet an dieser Stelle der ESB von Petals aus: auf der Webseite des Anbieters sind nur sehr marginale Informationen angegeben, die keinen detaillierten

Rückschlüsse auf die Qualität des Supports ziehen lassen. Auf eine elektronische Anfrage beim Anbieter kam keine Antwort. In folgender Tabelle 5.1 sind stichpunktartig die Ergebnisse der ersten Stufe dargestellt und die herausgefallenen ESBs kenntlich gemacht.

Stufe 1 Komm. Support	Apache ServiceMix / Fuse ESB	Apache Synapse / WSO2 ESB	ChainBuilder ESB	JBoss ESB	Mule ESB
Erreichbarkeit	Online Support Center	k. A.	-	Hotline / Email	k. A.
Deutsch / Englisch	- / x	- / x	-	x / x	- / x
Tageszeiten	Developer: 8x5, Production: 24x7	Production: 24x7	-	24x7	Silver(8x5 48h response), Gold(8x5 24h), Platinum(24/7 2h)
Technical Account Management	Ja	Nein	-	Ja	Ja, zwei Ansprechpartner
Entwickler Unterstützung	Hilfe bei Architektur, Best Practices, Optimierung und Hilfe bei neuen Systemen	Evaluation in frühen Phasen, Unterstützung bei Produktauswahl, Entwicklungsarbeiten vor Ort und aus der Ferne, Proof of Concepts, *QuickStart*-Angebote	-	Installation, Bedienung, Konfiguration	Architektur- und Designunterstützung
Unterstützung im Produktivbetrieb	Unbegrenzte Anzahl an Vorfälle, Kontakt zu Entwicklern der Apache Community. Fuse HQ, Fuse IDE , Fuse Management Console, Updates	Produkt Upgrades, Patches und Service Packs	-	Diagnose, Bug reports/fixes, Unbegrenzte Anzahl an Störfällen	Support Portal und Knowledge Base, Wartung und Updates/Service Packs, Hot patches
Training	Virtuell, vor Ort, On-Demand	Kunden-angepasste Trainings	-	Training und Webinars	Ja
Zusammenfassung	Ausgewogenes Angebot. Kontakt zu den Entwicklern möglich. Direkter Kontakt (Live) nur bei Problemen mit höchster Einstufung	Ausgewogenes Angebot. Spezieller Support für alle Projektphasen im Angebot	Kein kommerzieller Support für ChainBuilder ESB. Weiterentwicklung an ChainBuilder Connect, ist aber kein Open Source	Hochwertiger Support mit eigenem Ansprechpartner. Nur bei Subscription der ganzen Enterprise SOA Platform	Ausgewogenes Angebot, limitierte Anzahl Vorfälle bei Silber/Gold, zwei namentliche Kontakte, keine Angaben zu Kontaktmedium

Tabelle 5.1: Stufe 1 der Vorauswahl: Kommerzieller Support (1/2)

Stufe 1 Komm. Support	Open ESB / GlassFish ESB	Petals ESB	Talend ESB	Ultra ESB
Erreichbarkeit	k. A.	Live-phone support, Email support	Telefon ab Platinum, Email ab Gold, sonst Web support	Startup(Email), Gold(Email, Web), Platinum(Email, Web, Phone)
Deutsch / Englisch	- / x	- / x	x / x	- / x
Tageszeiten	Platinum(24x7 1h response), Gold(24x7 4h), Silver(24x7 12h), Bronze(8x5 12h)	k. A.	24x7 ab Gold	Platinum(24x7 2h response, unlim. incidents), Gold(8x5 8h, 10 inc.), Startup(1 day resp., 4 inc.)
Technical Account Management	Ja	Nein	Nein	Nein
Entwickler Unterstützung	Proof of Concepts, Migration, Technologie Evaluation und Auswahl, Implementierung, Installation, Support für eigene Binding Components aus dem OpenESB Projekt	Development subscription	k. A.	*QuickStart*-Angebot, Proof-of-Concept Entwicklung, vor Ort und Fernsupport, kundenspezifische Entwicklung
Unterstützung im Produktivbetrieb	Wartungsservices	Production subscription, Code corrections	Support Forum, Diagnose, automatische Updates, unlimitierte Anzahl Störfälle ab Gold	Subscriptions (Service Packs, Hot Fixes, Review of Configuration)
Training	Nein	JBI and Petals Training	personalisiertes Training, Knowledge Transfer, Training für Basics wie Camel, ActiveMQ, etc.	Ja
Zusammenfassung	Auf Homepage nur grobe Information, Support aber gegeben	Kaum Informationen vorhanden. Keine Antwort nach Rückfrage erhalten. Keine weitere Betrachtung mehr	Mehrstufige Auswahl unterschiedlicher Service-Level, zusätzliche Trainings buchbar	Standard Angebot an Development und Production Support

Tabelle 5.2: Stufe 1 der Vorauswahl: Kommerzieller Support (2/2)

5.3 Stufe 2: Dokumentation und Community

In der zweiten Stufe werden die übriggebliebenen ESBs anhand ihrer Dokumentation und der Community analysiert. Bei signifikanten Einschränkungen in den Kategorien und im Vergleich zu den anderen Produkten werden hierbei ESBs von weiteren Untersuchungen ausgeschlossen. Die einzelnen zu untersuchenden Aspekte werden in den folgenden Abschnitten näher erläutert.

5.3.1 Untersuchte Teilaspekte der Dokumentation

Im Schritt der Untersuchung der Dokumentation des ESBs werden folgende Eigenschaften betrachtet:

Form

Betrachtet werden die verschiedenen Formen der Dokumentation, die zur Verfügung gestellt werden. Das kann zum Beispiel Online per Webbrowser der Fall sein. Aber auch verschiedene Download-Möglichkeiten, wie zum Beispiel als HTML-Paket oder als PDF-Dateien, werden hierbei berücksichtigt.

Tutorials, Beispiele

Dieser Punkt widmet sich den zur Verfügung gestellten Codebeispielen und Tutorials für explizite Teilprobleme, wie sie nachvollziehbar gelöst werden können.

Umfang

Hierbei wird der gegebene Umfang der Dokumentation untersucht, also ob genügend Dokumente zur Verfügung gestellt werden, ob sie ausreichend detailliert sind und ob sie gut strukturiert aufgebaut sind.

Sprachen (Deutsch/Englisch)

In diesem Punkt wird untersucht, in welchen Sprachen die Dokumentationen vorliegen.

Bücher

Untersucht wird, ob für die verschiedenen ESBs Literatur vorhanden ist, über die man sich näher informieren und die man unterstützend in der Entwicklung und im Betrieb nutzen kann.

5.3.2 Untersuchte Teilaspekte der Community

Im Schritt der Untersuchung der Community des Produkts und des Anbieters werden folgende Eigenschaften betrachtet:

Foren

Es wird evaluiert, ob es eigenständige Foren für den betrachteten Bus gibt. Dazu gehört die Größe, also die Anzahl an Threads und Posts. Nicht betrachtet werden allgemeine Foren der Java-Szene, in denen diverse Produkte, Frameworks und Probleme diskutiert werden. Ausgenommen sind explizite Verweise auf solche Foren durch den Hersteller. Die Aktivität der Foren spielt erst in der nächsten Stufe der Vorauswahl (Vitalität) eine Rolle.

Sonstiges

Hierbei werden weitere Social Media Angebote der Community untersucht. Das können zum Beispiel Mailing-Listen und eigene Wiki-Seiten sein.

5.3.3 Ergebnis

Die Untersuchung der Stufe 2 hat ergeben, dass auch hier alle ESBs eine sehr ausgewogene Produktdokumentation aufweisen. Vorteile weisen hier die ESBs auf, für die Literatur vorhanden ist, wie es zum Beispiel bei Mule ESB und Apache ServiceMix der Fall ist. In Sachen Community konnten die Produkte von MuleSoft und Talend überzeugen. Abstriche gibt es hier bei WSO2 ESB, da kein eigenes Forum verfügbar ist. Der Hersteller verweist auf das allgemeine Forum Stackoverflow, in dem betreffende Threads speziell getaggt sind, um sie so ausfindig zu machen. Auch UltraESB kann in Sachen Community nicht überzeugen, da es nur sehr wenige Threads und Posts gibt.

Das Produkt Open ESB beziehungsweise Glassfish ESB als kommerziell unterstütztes Produkt scheidet an dieser Stelle aus. Zwar ist eine ordentliche Dokumentation verfügbar, diese wird aber als *Legacy* angeboten. Das heißt, dass das Produkt nicht weiter entwickelt wird. Entsprechend gibt es auch keine Community mehr zu diesem Produkt, die offiziell angegegebene URL[1] zu dem Open Source Projekt ist zum Zeitpunkt dieser Arbeit nicht erreichbar. Begründet ist dies durch den Ankauf von Sun durch Oracle. Oracle will sich auf die eigene SOA Suite konzentrieren, die selbst auch eine kommerzielle ESB enthält (vgl. [Sto10]).

Eine Übersicht über die Ergebnisse der Evaluation dieser Stufe ist in folgender Tabelle 5.3 zu finden.

---

[1] https://open-esb.dev.java.net

Stufe 2 Dokumentation	Apache ServiceMix / Fuse ESB	Apache Synapse / WSO2 ESB	JBoss ESB	Mule ESB
Form	Online, HTML, PDF	Online, HTML	Online, PDF, strukturiert aufgebaut, Konfigurationen und Beispiel Code	Online, PDF
Tutorials, Beispiele	Code-Beispiele, Getting Started Anleitungen, Videos und Präsentationen, Apache Examples im Source Code enthalten	Viele Beispiele inkl. Konfiguration vorhanden, Getting Startet Video	Online Presentation/Demonstration Video, viele *Quickstart* Beispiele	Beispiele und Tutorial textuell und bebildert vorhanden, Kostenloser Online-Einführungskurs (Mule ESB Fundamentals)
Umfang	Kategorien: Getting Started (140 S.), Managing the ESB Environment (56 S.), OSGi (406 S.), JBI (480 S.), EIP (712 S.), Web Services (1092 S.), JMS Broker (460 S.), Reference (228 S.). Weitere Unterteilung dieser Kategorien.	Unter anderem: Installation Guide, Quick Start Guide, User Guide, Configuration, Administrator Guide, Deployment Guide, Samples, Extending ESB, Monitoring u.v.m.	Getting Started Guide (18 S.), Programmers Guide (232 S.), Administration Guide (52 S.), Services Guide (122 S.), SOA Software Integration (16 S.)	Concepts (22 S.), Installation (19 S.), Examples (76 S.), User Guide (804 S.), Reference (428 S.), Management Console (160 S.), Tutorial (20 S.), Team Development (8 S.), Migration Guide (8 S.)
Sprache Deutsch/Englisch	Englisch	Englisch	Englisch	Englisch
Bücher	Open-Source ESBs in Action, Allgemein Bücher über CXF, Camel, ActiveMQ	-	JBoss ESB Beginners Guide, Bücher über Teile wie jBPM und Drools	Open-Source ESBs in Action, Mule in Action, Mule 2: A Developer's Guide
Community				
Foren	Fuse Forum (3,4k Threads, 12k Posts), ServiceMix Forum (24k Threads, 675 registered user	Verweis auf Stackoverflow mit Tag; WSO2 (154 Fragen markiert), WSO2 Forum nicht länger aktiv	User Forum (2,6k Threads), Developer Forum (510 Threads)	MuleSoft Community (105k Users, 24k posts, 21k archived posts, Kategorie Mule ESB: 2,4k Topics)
Sonstiges	Mailing Lists, IRC	Developer Mailing List, User Mailing List, FAQs	User Mailing Lists, IRC, Blog, Wiki	Alte, nicht aktive Mailing Lists
Zusammenfassung	Sehr umfangreiche und gut strukturierte Dokumentation. ServiceMix Buch vorhanden. Viele Forenbeiträge vorhanden	Umfangreiche Dokumentation vorhanden. Kein großer Forenumfang vorhanden	Gute Aufteilung der Dokumentation in Getting Started, Programmierung und Administration. Vorhandene Literatur ist ein Plus	Ausgewogene Dokumentation und gute Literatur vorhanden. Viele Forenbeiträge vorhanden.

Tabelle 5.3: Stufe 2 der Vorauswahl: Dokumentation und Community (1/2)

Stufe 2 Dokumentation	Open ESB / GlassFish ESB	Talend ESB	Ultra ESB
Form	Online, PDF	Online Installation Guide, Manuals im PDF-Format	Online
Tutorials, Beispiele	Diverse Tutorials für verschiedene Aspekte vorhanden	Ausführliche How-to Tutorials für Grundkonfigurationen mit Tooling, bebildert. Diverse Beispiele im Source Code Verzeichnis	Setting Up Environemnt Video, Simple Proxy Service Video
Umfang	Getting Started, Installing and Upgrading, Administrating JBI Components, Service Engines and Composite Applications, Binding Components, Editors, and Encoders	Getting Startet User Guide (100 S.), Administration Guide (63 S.), Development Guide (47 S.), Hyperic Integration Guide (17 S.), Mediation Guide (373 S.), Runtime Configuration Guide (49 S.), Service Factory Guide (200 S.), Security Token Service Guide (47 S.), Open Studio Components reference (1746 S.), Open Studio Mediation Components Reference (148 S.), Open Studio User Guide (410 S.)	Introduction, Installation, Quickstart, User Guide, Sample Use Cases, Architecture and Design, Config/Admin, Deployment Guise, Ultra Console
Sprache Deutsch/Englisch	Englisch	Englisch, teilweise auch französisch	Englisch
Bücher	-	Allgemein Bücher über CXF, Camel, ActiveMQ	-
Community			
Foren	-	Forum (User:46k, Topics:19k, posts:74k, Bugtracker	AdroitLogic Forum (97 Topics, 62 user)
Sonstiges	-	Blog, Austauschplatz für Community Komponenten	Blog
Zusammenfassung	Das Projekt wurde durch den Kauf von Sun durch Oracle eingestellt und ist nur noch als *Legacy* vorhanden. Keine Community	Umfangreiche und gut strukturierte Dokumentation. Hilfreiche und gut verständliche Tutorials. Viele Forenbeiträge vorhanden	Alle wichtigen Bereiche in der Dokumentation vorhanden. Sehr wenige Forenbeiträge

Tabelle 5.4: Stufe 2 der Vorauswahl: Dokumentation und Community (2/2)

5.4 Stufe 3: Vitalität/Reifegrad und Zukunftssicherheit

In dieser Stufe wird die Vitalität und der Reifegrad des Produkts untersucht. Damit wird sichergestellt, dass das Produkt weitestgehend stabil ist und aktiv verbessert und erweitert wird. Des Weiteren wird die Zukunftssicherheit des Unternehmens analysiert. Dadurch wird gewährleistet, dass auch in Zukunft weiterhin Support für das Produkt angeboten sowie das Produkt aktiv vorangetrieben wird. Die einzelnen betrachteten Punkte werden in den folgenden Abschnitten erläutert.

5.4.1 Untersuchte Teilaspekte Vitalität/Reifegrad

Im Schritt der Untersuchung der Dokumentation des ESBs werden folgende Eigenschaften betrachtet:

Versionshistorie

Untersucht wird die Versionierung der ESBs hinsichtlich der Anzahl der Versionen von der ersten veröffentlichten Version bis zur letzten veröffentlichten Version. Dies gibt ein Gefühl für die Aktivität des Projekts. Viele Versionen (im Sinne von Subversion (SVN) auch *Tags*) sprechen für eine gewisse Reife des Produkts. Aber auch eine kontinuierliche Versionierung über mehrere Jahre spricht für eine aktive Produktweiterentwicklung.

Bugreports /-fixes

Hierbei werden die Bugtracker der ESBs auf die Anzahl der erstellten Fehlerberichte und die Anzahl der behobenen Fehler untersucht. Eine hohe Anzahl an Bugreports spricht für eine aktive Nutzung des Produkts. Im Verhältnis dazu spricht eine hohe Anzahl an gelösten Reports für eine aktive Pflege des Produkts.

Commits

Dieser Punkt dient der Übersicht der Anzahl der einzelnen Programmänderungen, die die Entwickler der Open Source Produkte getätigt haben.

Committers

Hierbei wird untersucht, wie viele unterschiedliche Entwickler zum Produkt Codeänderungen beigetragen haben. Eine hohe Anzahl an Entwickler spricht für eine hohe Vitalität, da davon ausgegangen werden kann, dass, falls Entwickler ausfallen, noch weitere Entwickler für Updates vorhanden sind.

Forenaktivität

Eine hohe Forenaktivität deutet auf eine aktive Nutzung des Produkts hin und spricht so für die Lebendigkeit des Projekts.

Downloads

Die Anzahl der Downloads dient zum Überblick über die aktive Nutzung des Produkt durch die Community.

Produktiveinsätze

Hier wird die Anzahl der Produktivsysteme des Produkt untersucht (wenn verfügbar), also wie viele andere Unternehmen auf das Produkt setzen und es aktiv, eventuell sogar kommerziell, einsetzen.

Kundenreferenzen

Falls vom Anbieter angegeben, werden bei diesem Punkt Kundenreferenzen angegeben. Viele und große, beziehungsweise bekannte Unternehmen sprechen für ein reifes Produkt, da sich gerade diese Anbieter auch mit der Auswahl des passendes ESBs näher und intensiver beschäftigen.

5.4.2 Untersuchte Teilaspekte der Zukunftssicherheit

Im Schritt der Untersuchung der Community des Produkts und des Anbieters werden folgende Eigenschaften betrachtet:

Gründung

Übersicht über die Gründung der Anbieter der ESBs. Eine lange Firmengeschichte spricht weitestgehend für Erfolg und Kompetenz.

Standorte

Hierbei wird die Anzahl der Standorte der Filialen des Anbieters untersucht. Eine hohe Anzahl an Standorten und eine große Verteilung auf der Welt spricht für ein erfolgreiches Unternehmen und dementsprechend für Zukunftssicherheit.

Weiteres Produktangebot

Wenn der Anbieter mehrere Produkte anbietet, hat er noch weitere Einkunftsmöglichkeiten und ist nicht allein abhängig von dem ESB. Dann kann auch erwartet werden, dass der Support für einen eingestellten ESB zumindest über eine gewisse Zeit hinaus fortbesteht. Aber auch weitere Einkunftsmöglichkeiten bringen dem Unternehmen einen größeren Umsatz und somit auch mehr Liquidität und Investionsvermögen.

Jobangebote

Hierbei wird die Anzahl der offenen und ausgeschriebenen Stellen des Anbieters untersucht. Eine große Anzahl offener Stellen deutet auf ein großes Wachstumspotential des Unternehmens hin.

Anzahl Mitarbeiter

Dieser Punkt befasst sich mit der Größe des Anbieters des ESBs. Zusätzlich zu den Angaben des Herstellers wird noch die Angabe der Unternehmensgröße des Portals LinkedIn hinzugezogen.

Umsatz im Jahr 2011

Der Umsatz des Unternehmens spiegelt den Handlungsspielraum des Unternehmens wieder und gibt eine deutliche Tendenz hinsichtlich der Zukunftssicherheit.

5.4.3 Ergebnis

Nach Auswertung dieser Stufe hat sich herausgestellt, dass Ultra ESB an dieser Stelle ausscheidet. Das Unternehmen existiert erst seit 2010 und hat nur wenige Entwickler. Im Gegensatz zu den anderen Anbietern ist das ein großer Kontrast, diese sind weitaus etablierter. So sind die anderen Anbieter alle an mehreren Standorten und auch international vertreten. Wachstumspotential und somit Zukunftssicherheit ist durch viele Jobangebote und einer hohen Anzahl an Mitarbeitern gegeben. Aufgrund der vielen Versionen/Tags der ESBs beziehungsweise der vielen Bugfixes kann von einem stabilen/reifen Produkt aller Anbieter ausgegangen werden.

Die Ergebnisse der Auswertung der dritten Stufe sind in Tabelle 5.5 veranschaulicht.

Stufe 3 Vitalität, Reifegrad	Apache ServiceMix / Fuse ESB	Apache Synapse / WSO2 ESB	JBoss ESB
Versionshistorie	3.2.0 (17.07.2007) bis 4.4.1 (08.03.2012) Insgesamt rund 100 Versionen	17 Releases. 1.0-alpha (Feb. 2007) bis 4.0.3 (Dez. 2011)	4.0 Alpha 1 (26.06.2006) - 4.11 (09.04.2012): 120 Tags
Bugreports /-fixes	1558 Issues, davon 250 Offen	892, 79 offen. In Version 4.0.3 wurden 208 Reports gefixed (alle WSO2 Projekte: erstellt: 5856, gelöst: 6012)	3,3k gelöst und 4k offen. Letzte 30 Tage: 22 erstellt, 9 gelöst
Commits	ServiceMix (Rev. 1.332.635) 12.086 Commits (ohne CXF, ...)	Revision 126177 für alle WSO2 Produkte	Revision: 38067
Committers	26 in den letzten 12 Monaten	24 innerhalb von 4 Tagen. (für alle Produkte)	12 Entwicklern sind Tickets im JIRA zugewiesen, 7 Committers seit 08.2010
Forenaktivität	rund 20 Beiträge innerhalb von 24 Stunden im Fuse ESB Forum. Insgesamt sehr aktiv inkl. Apache Foren sehr aktiv	eigenes Forum inaktiv, wenige aber aktive Beiträge auf Stackoverflow getaggt	Rund 5 Beiträge innerhalb von 24h in den JBoss ESB Foren
Downloads	k. A.	k. A.	Alle Versionen kumuliert (4.0-4.11): 160k
Produktiveinsätze	15 Case Studies angegeben	WSO2 Carbon (enthält ESB) eingesetzt in 100+ Unternehmen der 1000 umsatzstärksten	14 Success Stories zu Enterprise SOA Platform. Insgesamt 235
Kundenreferenzen	CERN, Union Investment, Hermes, Sabre Holdings	ebay, T-Systems, Bundesagentur für Arbeit, citi bank, BBC, Deutsche Bank	The Emirate Group, Booz Allen Hamilton, Swedish Railway
Zukunftssicherheit			
Gründung	2006 (Progress Software: 1981)	2005	1993
Standorte	k. A. (Progress Software: Niederlassungen in über 90 Ländern)	3	70 Niederlassungen in 33 Ländern
Weiteres Produktangebot	Fuse Mediation Router, Message Broker, Services Framework, IDE for Camel, HQ	ca. 20 weitere Produkte (WSO2 Carbon. AS)	JBoss Enterprise Middleware(SOA Platform (jBPM, Drools, JBossWS CXF), Application Platform, Web Server, Web Platform, Portal Platform)
Jobangebote	6	Initiativ	über 500
Anzahl Mitarbeiter	40 (63 LinkedIn) (Progress Software: 1800 weltweit)	125 (144 LinkedIn)	über 4000 weltweit (4113 LinkedIn)
Umsatz im Jahr 2011	k. A. (Progress Soft.: 533,6 Mio. USD)	k. A.	1,13 Mrd. USD
Zusammenfassung	ServiceMix als Grundlage. Tochterfirma eines großen Unternehmens. Gute Kundenreferenzen	Ebay als starke Kundenreferenz. Aktive Produktentwicklung aber kein große Community erkennbar	RedHat ist großes Unternehmen mit weiter Produktpalette von Application Server über BPM bis ESB. Sehr zukunftssicher

Tabelle 5.5: Stufe 3 der Vorauswahl: Vitalität, Reifegrad und Zukunftssicherheit (1/2)

Stufe 3 Vitalität, Reifegrad	Mule ESB	Talend ESB	Ultra ESB
Versionshistorie	29 Versionen ab 2.2.1 ab 25.03.2009, jetzt 3.4	34 Tags: 4.0.0 (April 2011) - 5.1.0 (April 2012)	Beta veröffentlicht Januar 2010, 10 Tags, 2 Branches, Erster Tag Version 1.2 am 23.09.2010. Aktuell Version 1.7.1 (29.02.2012)
Bugreports /-fixes	Insgesamt 5937, davon 4889 abgeschlossen. Letzter Monat 53 erstellt und 32 gelöst	Insgesamt 4356 issues davon 408 offen. In den letzten 30 Tagen: 294 eröffnet, 325 gelöst	28 reports, 7 offen
Commits	24k	2500 ESB only	1300
Committers	primary repository: 60	36	überwiegend 2-3
Forenaktivität	Mehr als 20 Beiträge in Kategorie MuleESB innerhalb von 24 Stunden. Allgemein stark frequentiertes Forum	knapp 100 Beiträge innerhalb der letzten 24 Stunden im Talend Forum. Rund 5 Beiträge innerhalb des ESB Forums	kaum nennenswerte Aktivität
Downloads	1,5 Mio.	20 Mio. (alle Produkte von Talend)	k. A.
Produktiveinsätze	3200 Produktiveinsätze	118 angegebene Referenzen, über 3500 Unternehmen, 950k Anwender	19 angegebene Referenzen
Kundenreferenzen	Nestle, Honeywell, ebay, FedEx, at&t, Yahoo, . . .	Allianz, Porsche, Xerox, ebay, T-Systems, Deutsche Post, DHL, Bank of America, . . .	myweather.com, KBV Kassenärztliche Bundesvereinigung, Chegg, . . .
Zukunftssicherheit			
Gründung	2003	2005	2010
Standorte	3	13 Niederlassungen in 8 Ländern	1
Weiteres Produktangebot	Mule iON, Tcat Enterprise Tomcat	Talend Open Studio, Data Quality, Data Integration, MDM, BPM	-
Jobangebote	40	22	k. A.
Anzahl Mitarbeiter	k. A. (109 LinkedIn)	400 (252 LinkedIn)	k. A. (2 LinkedIn)
Umsatz im Jahr 2011	k. A.	60 Mio. USD	k.A.
Zusammenfassung	Hohe Anzahl an Downloads und Produktiveinsätzen. Signal für hohen Reifegrad. Starke Wachstumstendenz bei 40 Jobangeboten	Sehr bekannte und große Kundenreferenzen. Mittelgroßes Unternehmen mit Wachstumstendenz. Niederlassungen in Deutschland	Sehr junges Startup an einem Standort, überwiegend 2 Entwickler aktiv, keine Wachstumstendenz ersichtlich (Jobs), keine weiteren Produkte. Ausscheidung aufgrund des noch sehr jungen Produkts und der stärkeren Konkurrenz

Tabelle 5.6: Stufe 3 der Vorauswahl: Vitalität, Reifegrad und Zukunftssicherheit (2/2)

5.5 Stufe 4: Integrationsaspekte

In dieser Stufe werden technische Eigenschaften wie unterstützte Standards und Features der ESBs untersucht. Aussortiert werden ESBs, die primär nicht den Anforderungen aus Kapitel 3.2 genügen. Dazu gehört insbesondere das Tooling und Monitoring, also die Usability. Diese und weitere Aspekte, die schließlich zur weiteren Vergleichbarkeit dienen sollen, werden im folgenden Abschnitt erläutert.

5.5.1 Untersuchte Teilaspekte

Im Schritt der Untersuchung von Integrationsaspekten werden folgende Eigenschaften betrachtet:

Java Business Integration (JBI)

Hierbei wird untersucht, ob die ESBs konform und zertifiziert nach der Java Business Integration Spezifikation sind. Die Spezifikation ist im Java Community Process (JCP) entstanden und existiert in den Versionen 1.0 (JSR 208) und 2.0 (JSR 312).

Ein JBI-konformer ESB (JBI-Container) erlaubt es, Komponenten, die nach diesem Standard entworfen sind, mit geringem Aufwand einzubinden und somit einzusetzen (vgl. [Bin08, S. 38 ff.]). Da sie somit portabel sind und auch in jeden anderen JBI-Container eingesetzt werden können, existieren bereits einige solcher Komponenten.

OSGi

OSGi (Open-Services-Gateway-Initiative) beschreibt ein Komponentenmodell, das es ermöglicht, zur Laufzeit Applikationen einzubinden (Hot Pluggable), zu starten und auch zu beenden. Ziel ist es dabei, die Komponenten stark zu modularisieren und statische Koppelungen zu anderen Komponenten aufzuheben. Es wird untersucht, ob die entsprechenden ESBs diese Vorgaben erfüllen.

Unterstützung Geschäftsprozesslogik (Mediation, Orchestrierung)

Unter diesem Punkt werden Eigenschaften im Sinne der Mediation und Orchestrierung untersucht, also wie es möglich ist, Services zu kombinieren und so zu verwalten, dass gewünschte Geschäftsprozesse abgebildet werden können. Dies kann zum Beispiel mit

Hilfe der Business Process Execution Language (BPEL) realisiert werden, einer XML-basierten Sprache zur Definition von Prozessabläufen. Zunehmend wird BPEL auch durch BPMN (Business Process Model and Notation) in der Version 2.0 ersetzt, die es ebenfalls ermöglicht, modellierte Prozessabläufe durch eine entsprechende Engine direkt auszuführen (vgl. [Rüc09]).

Des Weiteren fallen unter diesem Punkt die Enterprise Integration Patterns (EIP) nach [HW04], die immer wiederkehrende Muster der Integration von Services beschreiben. Durch Unterstützung von EIP können diese bekannten Muster ohne großen Aufwand umgesetzt werden.

Frameworks

Untersucht werden die ESBs auf eigenständige integrierte Frameworks für spezifische Probleme. Dies kann den Vorteil haben, dass speziell für diese Frameworks weiterführende Literatur und Codebeispiele vorhanden sind. Außerdem können diese Problemlösungen einen hohen Reifegrad aufweisen, wenn sie schon lange auf dem Markt und weit verbreitet sind.

Deployment

Analyse der unterstützen Laufzeitumgebungen für die ESBs. Dazu gehören die unterstützen Applikationsserver, sowie die Möglichkeit, den ESB *Standalone* zu betreiben. Eine höhere Anzahl an unterstützten Laufzeitumgebungen ermöglicht eine höhere Flexibilität für den Einsatz in Produktivsystemen.

Monitoring (Runtime-Toolunterstützung)

Es werden die Möglichkeiten untersucht, mit denen sich die ESBs zur Laufzeit analysieren lassen. Dies ist insofern wichtig, damit unter Umständen auftretende Probleme rechtzeitig entdeckt und behoben werden können. Mögliche Metriken hierfür sind CPU-Auslastung, Speicherauslastung und Anzahl an Serviceaufrufen.

Betrachtet werden die zur Verfügung gestellte Tools, ob sie Standalone Software sind oder Web-basiert eingesetzt werden können und ob Standards wie Java Management Extensions (JMX, vgl. [Ora12a]) unterstützt werden.

Toolunterstützung (Design time)

Dieser Punkt behandelt die zur Verfügung gestellten Tools zur Entwicklung und Konfiguration zum Beispiel der Geschäftsprozesslogik beziehungsweise Routing-Logik für den ESB. Hierbei wird Wert auf eine möglichst visuelle und grafische Oberfläche gelegt, die es schnell und einfach ermöglichen soll, Geschäftsprozesse zu definieren, Services anzubieten und zu Nutzen und somit weitere Apps anzukoppeln, wie es im Sinne der Logistics Mall nötig ist. Der Grund dafür ist, dass im produktiven Betrieb der ESB vom Betreiber verwaltet wird, der nicht das umfangreiche Know-How mitbringt, wie die initialen Entwickler des Projekts.

5.5.2 Ergebnis

Nach Untersuchung der vierten Stufe sind die beiden ESBs Apache ServiceMix (Fuse ESB) und Synapse (WSO2 ESB) ausgeschieden. Ausschlaggebend für beide ist, dass sie keine frei verfügbaren Tools zur visuellen/grafischen Konfiguration enthalten. Von Fuse gibt es zwar ein ansprechendes Tool, dies ist jedoch nur kommerziell zu bekommen.

An dieser Stelle kann schon gesagt werden, dass Talend ESB die Vorauswahl bestanden hat und zur detaillierten praktischen Untersuchung hinzugezogen wird. Nicht nur die Ergebnisse der Vorrunden haben überzeugt, sondern auch die Tools zur Konfiguration und zum Monitoring.

Die zwei weiteren, übrig gebliebenen ESBs werden in der Stufe 5 im Abschnitt 5.6 einem direkten Vergleich unterzogen, um das zweite Produkt für den praktischen Vergleich zu erhalten.

Die Ergebnisse der Stufe 4 und der Integrationsaspekten sind in Tabelle 5.7 aufgeführt.

Stufe 4 Integrationsaspekte	Apache ServiceMix / Fuse ESB	Apache Synapse / WSO2 ESB	JBoss ESB
Java Business Integration (JBI)	Ja	Nein	Nein
OSGi	Ja	Ja	Nein
Unterstützung Geschäftsprozesslogik (Mediation, Orchestrierung)	BPEL, EIP (Camel)	EIP	BPEL (jBPM)
Frameworks	Apache CXF, Apache Camel, Apache ActiveMQ, Smooks	Apache Axis2, Smooks	jBPM, Drools, Smooks, Xstream, JBossWS (CXF)
Deployment	Standalone, WebSphere, WebLogic, JBoss, Geronimo, Tomcat, Spring-based Container	Standalone, WebSphere, WebLogic, JBoss, Tomcat	Standalone, JBoss AS 4/5/6
Monitoring (Runtime)	Fuse HQ (nur kommerziell), JMX	Management & Monitoring Web Console, WSO2 Business Activity Monitor, JMX	Webbasierte Management Console, JMX
Toolunterstützung (design time)	Fuse IDE (nur kommerziell)	WSO2 Carbon Studio (Eclipse-based Tool, konfigurationsgetrieben)	JBoss Developer Studio (JBDS, Eclipse-basiert, jBPM- und Drools-Tooling)
Zusammenfassung	Monitoring und Tooling offiziell nur kommerziell verfügbar	Gute Monitoring Unterstützung aber kein grafisches Tooling vorhanden	Eclipse Plugin zur erleichterten Konfiguration vorhanden, teilweise grafisches UI. Webbasiertes Monitoring des ESBs. Standard Tools aus dem JBoss Repertoire (innerhalb der Enterprise SOA Platform)

Tabelle 5.7: Stufe 4 der Vorauswahl: Integrationsaspekte (1/2)

Stufe 4 Integrationsaspekte	Mule ESB	Talend ESB
Java Business Integration (JBI)	Nein	Nein
OSGi	Nein	Ja
Unterstützung Geschäftsprozesslogik (Mediation, Orchestrierung)	BPEL (jBPM), EIP	EIP (Camel)
Frameworks	Smooks, jBPM, Drools	Apache CXF, Apache Karaf, Apache ActiveMQ, Apache Camel, Apache WSS4J, Apache ZooKeeper, JBoss Drools
Deployment	Standalone, Tomcat, WebLogic, WebSphere, Geronimo, JBoss, Resin, Jetty	Standalone, OSGi, Tomcat, Spring-based Container, J2EE AS (Geronimo, JOnAS, JBoss, WebLogic, WebSphere)
Monitoring (Runtime)	Mule Management Console (nur kommerziell), JMX	Service Locator and Service Activity Monitoring UI, Hyperic HQ kompatibel, JMX
Toolunterstützung (design time)	Mule Studio (grafisches Tooling, Visual Drag-And-Drop und XML Code Editor)	Talend Open Studio for ESB (Drag-and-Drop Route Creation, Testing, Produce Data Services, Drag-And-Drop EIP Tooling)
Zusammenfassung	Ansprechendes Tooling zur grafischen Konfiguration, Monitoring Tool nur kommerziell und müsste deshalb selbst über JMX organisiert werden.	Umfangreiches Tool zur Konfiguration der ESB vorhanden, Nutzung verbreiteter Apache Produkte. Webbasiertes Monitoring nur kommerziell verfügbar, dafür aber Tool zur Überwachung vorhanden

Tabelle 5.8: Stufe 4 der Vorauswahl: Integrationsaspekte (2/2)

5.6 Stufe 5: Direkte Gegenüberstellung der verbleibenden ESBs

Um das letzte Produkt zur praktischen Evaluation zu erhalten, werden die Vor- und Nachteile der beiden übrig gebliebenen ESBs direkt miteinander verglichen. Die Ergebnisse dazu sind in folgender Tabelle 5.9 aufgeführt.

Stufe 5	JBoss ESB	Mule ESB
Vorteile	o großer renommierter Anbieter o kostenloses, webbasiertes Monitoring vorhanden	o hohe Anzahl an Downloads o große Community o viele namhafte Kundenreferenzen o viel Literatur o EIP o insgesamt besserer Eindruck beim grafischen Tooling
Nachteile	o für kommerziellen Support Subscription der ganzen SOA Plattform notwendig o beschränkt auf JBoss AS bzw. Standalone	o kostenlosen Monitoring nur durch JMX

Tabelle 5.9: Stufe 5 der Vorauswahl: Entscheidungsrunde

Nach Abwägung der beiden ESBs durch Gegenüberstellung der Vor- und Nachteile hat sich ergeben, dass Mule ESB insgesamt besser abschneidet und die Vorteile überwiegen. Der Nachteil des lediglich kommerziellen Tools für das Monitoring wird durch die unterstützte Java Management Extensions (JMX)-Spezifikation ausgeglichen. Hierzu können vorhandene externe Tools wie zum Beispiel JConsole (vgl. [Ora12b]) herangezogen werden, um eine adäquate Lösung zu erhalten.

Kapitel 6

Praktischer Vergleich der ausgewählten ESBs

Im Vergleich anhand der Herstellerangaben konnten neun ESBs auf zwei ESBs reduziert werden. Nun gilt es, diese zwei ESBs in praktischer Hinsicht zu vergleichen. Da diese Arbeit darauf abzielt, einen ESB zu finden, der für die Logistics Mall und deren Anforderungen genutzt werden soll, wird für die praktische Evaluation ein Szenario entworfen, das einem logistischem Prozess nahe kommt. Dazu sind mehrere Anwendungen notwendig, die mit Hilfe des ESBs einen Geschäftsprozess abwickeln.

In diesem Kapitel werden zunächst die bei der praktischen Evaluation zu untersuchenden Aspekte definiert und anschließend das konzipierte Szenario detailliert erläutert. Dazu gehört der Testaufbau als UML-Deployment Diagramm, die Verknüpfung der Anwendungen mit dem ESB als UML-Komponentendiagramm sowie der Ablauf der Kommunikation mit einem UML-Sequenzdiagramm.

Darauf folgend wird nachvollziehbar erläutert, wie die Anwendungen aus dem Szenario realisiert werden. Anschließend wird auf die Realisierung der ESBs von Mule und Talend eingegangen. Dazu müssen mehrere Routen zwischen den Anwendungen aufgebaut werden, die Content-based Routing und Transformationen enthalten. Transformationen sind deshalb notwendig, da das Szenario mehrere Nachrichtenformate vorsieht, die untereinander nicht kompatibel sind.

Nachdem auf die Entwicklung des kompletten Szenarios eingegangen wurde, erfolgt ein Abschnitt über das Deployment und dem Testdurchlauf. Anschließend werden die Ergebnisse der praktischen Evaluation präsentiert.

6.1 Untersuchte Aspekte

Zur Bewertung der praktischen Evaluation der zwei ESBs, die den Vergleich in der Vorrunde passiert haben, bedarf es weiterer Kriterien. Diese müssen den allgemeinen Anforderungen an den ESB für die Logistics Mall gerecht werden (siehe Kapitel 3.2) damit eine sinnvolle Bewertung möglich ist. In den folgenden Abschnitten werden die dazu gewählten Kriterien und Kategorien näher erläutert.

6.1.1 Installation/Einrichtung

Folgende Punkte werden zum Punkt Installation/Einrichtung betrachtet:

Aufwand

Untersucht wird der Aufwand, der benötigt wird, um die Entwicklungsumgebung sowie die Runtime-Umgebung zu installieren und einzurichten, sodass mit der Erstellung der Routen und dem Deployment begonnen werden kann.

Schwierigkeitsgrad

Unter diesem Punkt wird beschrieben, wie schwer die Installation und Einrichtung insgesamt ist, also ob Anleitungen dazu beitragen, die Installation ohne Probleme durchführen zu können und ob es ohne spezielle Kenntnisse möglich ist.

6.1.2 Entwicklung

Unter dem Punkt Entwicklung werden folgende Eigenschaften untersucht:

Szenario vollständig umsetzbar

Kann ein definiertes Szenario mit dem ESB realisiert werden? Im Abschnitt 6.2 wird ein Szenario vorgestellt, das die Logistics Mall in kleinem Umfang repräsentiert. Dieser Testaufbau wird für die Evaluation realisiert. Anschließend wird jeder ESB eingebunden. Dieser Aspekt der Bewertung widmet sich der Realisierbarkeit des Szenarios mit dem zu untersuchenden Bus. Hierunter fallen Funktionalitäten wie Routing (content-based), Transformation von Nachrichten, asynchrone Kommunikation, SOAP und RESTful Webservices sowie die Fehlerbehandlung.

Konfigurationsaufwand

Ein wichtiger Aspekt zur Auswahl des ESBs ist die Usability. Aus diesem Grund widmet sich dieser Punkt dem Aufwand, der benötigt wird, um das Szenario umzusetzen. Wichtige Punkte zur Bewertung sind hierbei GUI-Unterstützung und XML-Konfiguration.

Testunterstützung

Untersucht wird, inwiefern die erstellten Routen für das Szenario getestet werden können, bevor sie produktiv eingesetzt werden.

Deployment

Der letzte Aspekt zur Untersuchung des Punkts *Entwicklung* ist das Deployment. Hierbei wird betrachtet, wie eine erstellte Route deployed werden kann, also wie sie in die Runtime-Umgebung für den produktiven Betrieb aktiviert werden kann.

6.1.3 Benutzeroberfläche: Intuitiv / Übersichtlichkeit / Handhabung

Es wird die Usability der beiden ESBs untersucht. Dazu gehört unter anderem, wie intuitiv die GUI zu bedienen ist und ob sie übersichtlich gestaltet ist.

6.1.4 Fehlermanagement

Untersuchte Aspekte hinsichtlich der Behandlung von Fehlern sind:

Handling-Möglichkeiten

Betrachtet werden die Möglichkeiten, die die ESBs bieten, um ein Error-Handling in die Routen einzubauen. Genauer also, was zum Beispiel geschehen soll, wenn Exceptions auftreten.

Service nicht verfügbar

Im Szenario wurde ein Fall vorgesehen, wo ein Webservice im laufenden Betrieb ausgeschaltet wird. Unter diesem Punkt werden die Ergebnisse aufgeführt, die mit verfügbaren Komponenten erzielt wurden.

6.1.5 Sonstiges

Unter der Kategorie *Sonstiges* werden Dinge aufgeführt, die keiner anderen Kategorie zugeordnet werden können; positives wie auch negatives.

6.1.6 Nicht betrachtete Aspekte

Ein Enterprise Service Bus ist ein sehr mächtiges Instrument im Einsatz als Middleware. Es gibt zahlreiche Funktionalitäten und um so mehr Anforderungen. Leider kann diese Arbeit nicht auf alle Aspekte eingehen, soll aber durchaus den Anreiz bieten, darauf aufzubauen. Der Fokus dieser Arbeit liegt auf Benutzbarkeit und Funktionalität in einem vorgegebenem Szenario. Für den produktiven Einsatz gibt es aber noch Kriterien wie die Performanz. Eine Middleware wie der ESB wird üblicherweise in Szenarien eingebaut, in denen viele Transaktionen ablaufen, also häufig Serviceaufrufe und demzufolge viele Transformationen und Routing-Entscheidungen stattfinden. Für die Auswahl eines passenden ESBs wäre es also interessant zu wissen, wie die Probanden hinsichtlich der Geschwindigkeit jeweils abschneiden und ob es signifikante Unterschiede gibt.

Wie in der Untersuchung nach Herstellerangaben in Kapitel 5 schon beschrieben wurde, gibt es zahlreiche Möglichkeiten, einen ESB zu überwachen. Dies kann zum Beispiel direkt über den Standard JMX stattfinden, oder aber durch direkte Tools, die entweder mitgeliefert werden, oder aber auch durch Fremdanbieter bereitgestellt werden. Letztendlich muss entschieden werden, welche Anforderung an ein Monitoring gestellt wird, also welche Messwerte beziehungsweise Metriken ermittelt werden müssen und welche Informationen über die Auslastung der Hardware bereitgestellt werden muss. Auch dieser Punkt muss separat untersucht werden.

Ein weiterer Aspekt ist die Sicherheit des Enterprise Service Bus. Dazu müssten die ESBs dahingehend untersucht werden, inwiefern Service-Aufrufe durch Dritte verhindert werden können (Authentifizierung), wie die Nachrichtenintegrität gewährleistet wird und wie das Abhören von Nachrichten durch geeignete Verschlüsselungsmechanismen verhindert werden kann.

6.2 Szenario

Für die Evaluation der ESBs anhand der zuvor erläuterten Kriterien bedarf es einer Anwendungslandschaft im Sinne der Logistics Mall. Aus diesem Grund wird ein Szenario entwickelt, nach dem die Anwendungen entwickelt und die ESBs angekoppelt werden.

Dieses sollte minimal sein aber alle wichtigen ESB-Funktionalitäten wie Routing und Transformation unterstützen. Insbesondere muss dieses Szenario die Bewertung der Kriterien aus Abschnitt 6.1 zulassen.

Da die Logistics Mall Prozesse der Logistik abhandelt, wird dies für das Szenario berücksichtigt. So gibt es einen Shop, über den Benutzer Artikel bestellen können, wie sie im Internet zahlreich vorhanden sind. Ein bekannte Vertreter ist zum Beispiel Amazon.de. Die in diesem Shop eingegangenen Bestellungen werden an eine Auftragsverwaltung weitergeleitet, die dafür da ist, die Bestellung zu sichten und gegebenenfalls auszusortieren. Ein denkbarer Anwendungsfall wäre zum Beispiel, wenn ein Kunde eine Spaßbestellung aufgibt, bei der die Adresse nicht existiert.

Ist die Bestellung allerdings vertrauensvoll, wird die Lagerverwaltung eines Lagers kontaktiert, in dem der bestellte Artikel vorrätig ist. Für das Szenario ist es in diesem Fall vorgesehen, zwei unterschiedliche Systeme zu entwerfen, die jeweils unterschiedliche technische Eigenschaften vorweisen und auch technisch anders aufgebaut sind, als die Auftragsverwaltung und der Shop.

Der Shop und die Auftragsverwaltung sollen im Szenario über SOAP-Webservices kommunizieren. Die auszutauschenden Nachrichten sollen nach dem Transaktionsstandard OAGIS aufgebaut werden, einem Industriestandard für Nachrichtenformate zwischen heterogenen Systemen (siehe Grundlagenkapitel 2.4). Die erste Lagerverwaltung, hier mit dem Zusatz *Nord* versehen, ist mittels eines REST-Webservices vertreten und hat als Nachrichtenformat den weiteren Transaktionsstandard UN/EDIFACT (siehe Grundlagenkapitel 2.6). Die zweite Lagerverwaltung, dieses mal mit der Bezeichnung *Süd*, kommuniziert wieder über einen SOAP-Webservices mit den anderen Systemen, allerdings mit keinem Transaktionsstandard, sondern mit einem selbst entwickelten XML-Format, hier auch *Custom XML* genannt.

In den nächsten Abschnitten wird auf den genaueren Versuchsaufbau eingegangen, sowie auf die verwendeten Nachrichtentypen von OAGIS, UN/EDIFACT und Custom XML. Des Weiteren werden anhand von UML-Sequenzdiagrammen die Abläufe der Versuche dargestellt.

6.2.1 Versuchsabläufe

Wie bereits in der Einleitung des Kapitels beschrieben, wurden vier Systeme für das Szenario angedacht, die an die ESBs angekoppelt werden sollen. Einen Shop, über den ein Kunde eine Bestellung tätigen kann, eine Auftragsverwaltung, an die eine eingegangene

Bestellung weitergeleitet wird, sowie zwei Lagerverwaltungen, die für die Abwicklung des Versands der Waren zuständig sind.

Der ESB, als Middleware in diesem Szenario, ist für die Abwicklung der Kommunikation zwischen diesen Anwendungen zuständig und austauschbar. Jedes System ist jeweils daran angekoppelt. Im Abschnitt 6.2.2 wird genauer auf den Versuchsaufbau und auf das Einbringen der ESBs eingegangen. Zu den Aufgaben des ESBs in diesem Szenario gehört die Weiterleitung von Nachrichten, das Transformieren der Nachrichten in ein anderes Format, falls das zu erreichende System ein anderes Datenformat unterstützt, sowie das Routing der Nachricht anhand von Merkmalen beziehungsweise fachlichen Daten der Mitteilung.

In folgender Abbildung 6.1 ist der genaue Versuchsablauf für einen Beispiel-Bestellvorgang in einem UML-Sequenzdiagramm dargestellt. Dort wird die Abwicklung über die Lagerverwaltung Nord mit dem Nachrichtenformat UN/EDIFACT aufgezeigt.

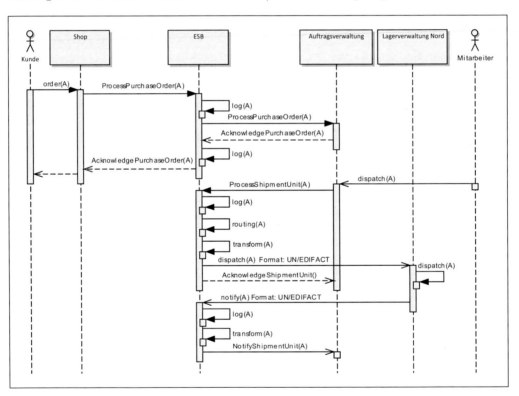

Abbildung 6.1: Versuchsablauf mit UN/EDIFACT-Nachricht und Routing

Angenommen, ein Kunde bestellt den Artikel A (`order(A)`) im Shop. In diesem Fall ruft der Shop einen Service des ESBs auf und übermittelt den Bestellauftrag in Form einer OAGIS-Nachricht (`ProcessPurchaseOrder(A)`). Der ESB loggt die Nachricht und leitet sie im originalem Format an die Auftragsverwaltung weiter, die ebenfalls über den Transaktionsstandard OAGIS kommuniziert.

Die Antwort der Auftragsverwaltung (`AcknowledgePurchaseOrder(A)`) wird ebenfalls vom ESB geloggt und an den Shop weitergeleitet, der dann den Eingang der Bestellung dem Kunden quittiert.

Zu diesem Zeitpunkt befindet sich nun ein Bestellauftrag in der Auftragsverwaltung. Ein Mitarbeiter des Shops führt eine Sichtprüfung durch und genehmigt den Auftrag durch das Initiieren des Versands des Artikels (`dispatch(A)`) in der Auftragsverwaltung. Diese ruft daraufhin den Service `ProcessShipmentUnit(A)` des ESBs auf und übermittelt eine gleichnamige OAGIS-Nachricht im XML-Format. Im Abschnitt 6.2.3 wird genauer auf die verwendeten Nachrichtenformate eingegangen.

Nach Eingang der Nachricht im ESB wird der Auftrag zum Versand des Artikels zuerst geloggt. Anschließend findet ein Entscheidungsprozess statt: das Routing. Der ESBs schaut sich den Inhalt der Nachricht der Auftragsverwaltung an, genauer, welcher Artikel versendet werden soll. Dieser Prozess wird auch Content-based Routing genannt, da aufgrund des Nachrichteninhalts das Routing entschieden wird.

In diesem Fall ist es Artikel A. Für den Artikel A wird die Lagerverwaltung Nord herangezogen, für die schließlich eine Transformation der Nachricht durchgeführt werden muss (`transform(A)`). Die eingegangene Nachricht im OAGIS-Format wird nun in eine äquivalente UN/EDIFACT Nachricht übersetzt und schließlich asynchron an die Lagerverwaltung Nord übermittelt (`dispatch(A)`). Gleichzeitig erhält die Auftragsverwaltung die Antwort auf den Lieferauftrag. Mit diesem asynchronen Aufruf soll ein weiterer technischer Aspekt der ESBs untersucht werden können.

Die in der Lagerverwaltung eingegangene Nachricht wird beispielhaft ausgeführt, sinnbildlich wird der Artikel also versendet. Daraufhin ruft die Lagerverwaltung Nord einen Service am ESB auf, der für die Bestätigung des Versands des Artikels zuständig ist (`notify(A)`). Der ESB loggt die Nachricht und transformiert sie zurück von UN/EDIFACT nach OAGIS und ruft den entsprechenden Service zur Benachrichtigung des Versands bei der Auftragsverwaltung auf (`NotifyShipmentUnit(A)`).

Damit ist der erste Versuchsablauf beendet. Es findet ein Routing statt, eine Weiterleitung ohne Bearbeitung der Nachricht, der Aufruf eines SOAP- sowie REST-Webservices sowie Transformationen von OAGIS nach UN/EDIFACT und umgekehrt. Ein weiterer Versuchsablauf soll zeigen, dass das Routing dynamisch auch zu einem anderen System funktioniert, nämlich zur Lagerverwaltung Süd. Der Ablauf dazu ist in Abbildung 6.2 dargestellt.

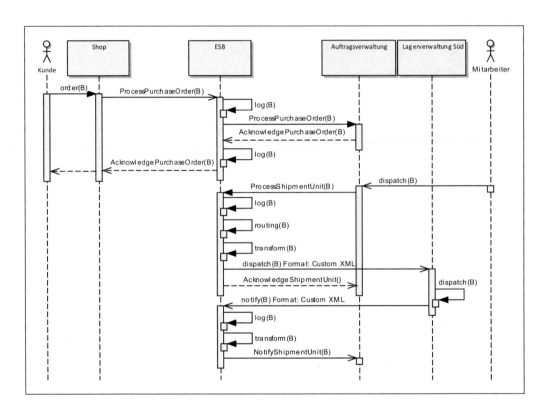

Abbildung 6.2: Versuchsablauf mit Custom XML-Nachricht und Routing

Wie auch in dem zuvor beschriebenen Ablauf beginnt das Szenario mit dem Eingang einer Bestellung eines Artikels. Diesmal bestellt der Kunde jedoch den Artikel B (`order(B)`). Die Abläufe zwischen Shop, ESB und Auftragsverwaltung sind zuerst analog zum vorherigen Ablauf. Wird allerdings der Lieferungsauftrag durch den Mitarbeiter erteilt, wird im Entscheidungsprozess im ESB, also dem Routing, anders entschieden (`routing(B)`). Diesmal soll die Nachricht zur Lagerverwaltung Süd weitergeleitet werden. Dies führt mit sich, dass die Nachricht nun von OAGIS zum Custom XML Format transformiert werden muss. Ist dies erfolgt, wird der Webservice der Lagerverwaltung Süd aufgerufen, der in diesem Falle ein SOAP-Webservice ist.

Den Abschluss des Ablaufs bildet wieder die Benachrichtigung über den Versand des Artikels. Auch dieser erfolgt analog zum ersten vorgestellten Versuchsablauf (`notify(B)`). Diesmal wird jedoch eine Transformation von Custom XML nach OAGIS durchgeführt.

Nach Durchführung dieses zweiten Ablaufs kann also gezeigt werden, dass das Routing dynamisch durchgeführt werden kann und je nach Entscheidung unterschiedliche Technologien eingesetzt werden müssen, um das Szenario zum Erfolg zu führen. Ein dritter Versuchsablauf soll sich mit der Problematik des Fehlermanagements auseinandersetzen. Dazu wird der erste vorgestellte Ablauf erneut aufgegriffen. Diesmal wird jedoch der Service zum Benachrichtigen über den Versand des Artikels in der Auftragsverwaltung deaktiviert. Dies ist in Abbildung 6.3 dargestellt.

Stellt der ESB also fest, dass der Service nicht erreichbar ist, soll die Nachricht gepuffert und zu einem späteren Zeitpunkt erneut übertragen werden. In dem Szenario wird dazu der Service wieder aktiviert. Trifft diese Nachricht nun in der Auftragsverwaltung ein, so kann gezeigt werden, dass der zu evaluierende ESB auch mit Fehlerfällen umgehen kann.

6.2.2 Versuchsaufbau

Die Logistics Mall stellt eine Cloud-basierte Infrastruktur für Logistikprozesse dar. Die Anwendungen liegen dabei auf unterschiedlichen Servern des Betreibers und kommunizieren über Web-Technologien, wie zum Beispiel dem Protokoll HTTP. Häufig werden dabei SOAP- oder RESTful Webservices eingesetzt.

Für die praktische Evaluation ist ein Versuchsaufbau vorgesehen, der dieses Szenario abbildet. So werden die beiden zu evaluierenden ESBs auf eine eigenständige virtuelle Maschine betrieben. Die Auftragsverwaltung, sowie die beiden Lagerverwaltungssysteme Nord und Süd werden auf eine weitere virtuelle Maschine installiert. Das Shop-System, von dem aus der Start des Versuchsablauf initiiert wird, befindet sich auf einer normalen

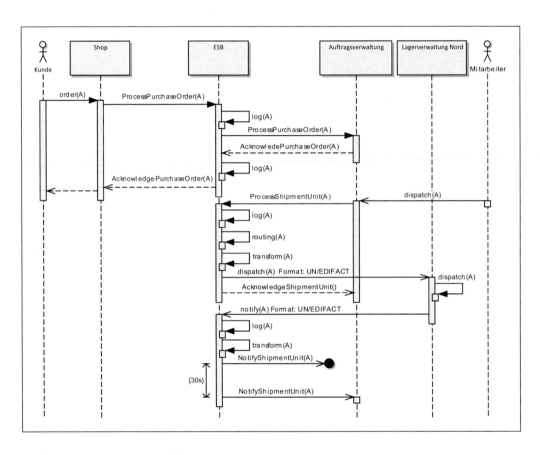

Abbildung 6.3: Versuchsablauf mit Fehlerfall

Workstation abseits der virtuellen Maschinen, die sich in einem Rechenzentrum befinden. Andere Aufteilungen auf virtuelle Maschinen sind darum unproblematisch. Im UML-Deployment Diagramm in Abbildung 6.4 ist der so erstellte Versuchsaufbau im Sinne der Cloud dargestellt.

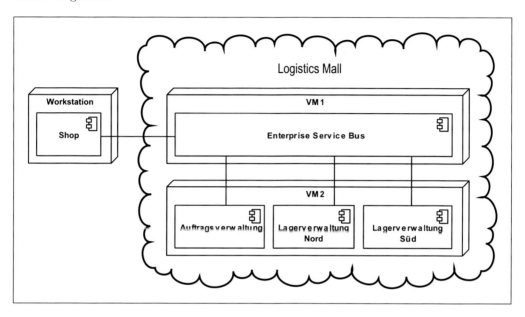

Abbildung 6.4: Cloud-basierte Konfiguration als Deployment Diagramm

Die logischen Verbindungen zwischen ESB und den Verwaltungsanwendungen werden durch unterschiedliche Serviceverbindungen realisiert. Somit bietet der ESB diverse Services an, nutzt aber auch andere Services als Client.

Ein relevanter Service für das Szenario ist der, über den der Shop eine eingegangene Bestellung propagiert. Dieser Service wird von dem ESB angeboten, sodass der Shop ihn im Falle eine Bestellung aufrufen kann. Im UML-Komponentendiagramm in Abbildung 6.5 ist dies zu sehen (`OAGIS_ProcessPurchaseOrder`).

Die Auftragsverwaltung selbst bietet diesen Service auch an. So kann der ESB eingehende Nachrichten als Server weiterleiten und fungiert dann wiederum als Client. Einen weiteren Service zur Benachrichtigung eines Lieferauftrags bietet der ESB an (`OAGIS_ProcessShipmentUnit`). Folglich ist der ESB zweimal als Client an die beiden Lagerverwaltungen gekoppelt, um den Lieferauftrag weiterzuleiten. Einmal als REST-Client für die UN/EDIFACT Nachrichten (`EDI_dispatch`) und einmal als SOAP-Client für die Custom XML-Nachrichten (`Custom_dispatch`). Vice versa findet die Kopplung zur Lieferbestätigung statt. Der ESB stellt zwei Services als Server bereit und nutzt als Client

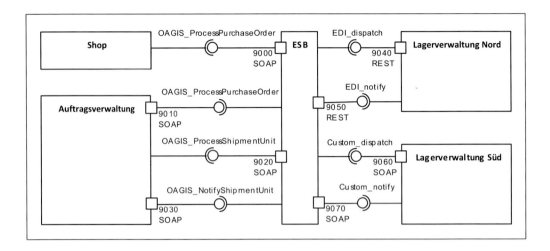

Abbildung 6.5: Versuchsaufbau als Komponentendiagramm

den Service der Auftragsverwaltung.

6.2.3 Austauschformate

Aus den Kapiteln 6.2.1 (Versuchsabläufe) und 6.2.2 (Versuchsaufbau) wurden verschiedene Austauschformate im Szenario erwähnt. In diesem Abschnitt wird genauer hervorgehoben, welche Nachrichtentypen der Transaktionsstandards OAGIS und UN/EDIFACT und welche Datenelemente zum Austausch der Fachdaten verwendet werden. Außerdem wird das selbst konzipierte Datenformat (hier: Custom XML) vorgestellt.

6.2.3.1 OAGIS

Eine Nachricht des OAGIS-Standards besteht aus einem Header (`ApplicationArea`) und einem Body (`DataArea`). Im ersten sind unter anderem Informationen über den Zeitpunkt der Erstellung der Nachricht sowie über Sender und Empfänger enthalten. In der `DataArea` befindet sich ein sogenanntes *Noun*, das Business Objekt, in dem die wesentlichen fachlichen Daten gespeichert werden. Des Weiteren ist darin ein *Verb* enthalten, das die Aktion beschreibt, die mit dem Business Objekt durchgeführt werden soll (siehe Grundlagenkapitel 2.4).

Für das Szenario werden fünf OAGIS-Nachrichten benötigt, für das Weiterleiten einer Bestellung inklusive der Bestätigungsnachricht, für den Lieferauftrag inklusive der Bestätigungsnachricht sowie eine Nachricht für die Versandbestätigung. Durch den modularen

Aufbau von OAGIS sind nur zwei Business Objekte notwendig und können wiederverwendet werden. Für die Bestellung das Business Objekt `PurchaseOrder` und allgemein betreffend für eine Lieferung `ShipmentUnit`. Durch die Kombination von diesen beiden Business Objekten, die die fachlichen Daten repräsentieren, sowie den Verben `Process`, für den Auftrag zur Weiterverarbeitung, `Acknowledge`, für die Bestätigung des Eingangs und `Notify`, für die asynchrone Bestätigung für die abgeschlossene fachliche Verarbeitung des Business Objekts, können die fünf Nachrichten gebildet werden:

ProcessPurchaseOrder Auftrag zur Weiterverarbeitung einer Bestellung. Wird vom Shop an die Auftragsverwaltung weitergeleitet.

AcknowledgePurchaseOrder Synchrone Antwort auf `ProcessPurchaseOrder` zur Bestätigung des Eingangs einer Bestellung.

ProcessShipmentUnit Auftrag zum Versand eines Artikels. Wird von der Auftragsverwaltung an den ESB übertragen. Von dort jedoch transformiert in UN/EDIFACT beziehungsweise Custom XML.

AcknowledgeShipmentUnit Synchrone Antwort auf `ProcessShipmentUnit` zur Bestätigung des Eingangs eines Lieferauftrags.

NotifyShipmentUnit Asynchrone Nachricht zur Bestätigung der Lieferung eines Artikels.

Die so auserwählten Nachrichten aus dem OAGIS-Portfolio sind jedoch für das Szenario zu umfangreich. Die Open Application Group hat für jedes Business Objekt zahlreiche Elemente vorgesehen, um für jeden Anwendungsfall die passende Nachricht bieten zu können. Um diese Nachrichten demnach kleiner zu gestalten, wurden die benötigten Elemente heraus gesucht und anschließend mittels einer Beispielinstanz ein Lightening und Flattening durchgeführt (siehe Grundlagenkapitel 2.5). Im Folgenden werden pro Business Objekt die Elemente aufgezeigt, die für das Szenario ausgewählt wurden und auf welche Elemente der Nachricht sie abgebildet werden (in XPath Notation). Eigene Erweiterungen an OAGIS waren nicht notwendig.

`ApplicationArea`

- Name der Anwendung → `Sender/LogicalID`
- Zeitpunkt → `CreationDateTime`
- Eindeutige ID der Nachricht → `BODID`

`DataArea/PurchaseOrder`

- Kundeninformationen
    - Name → `ShipToParty/Contact/Name`
    - EMail → `ShipToParty/Contact/EMailAddressCommunication/EMailAddressID`
    - Straße → `ShipToParty/Location/Address/AddressLine`
    - PLZ → `ShipToParty/Location/Address/CityName`
    - Stadt → `ShipToParty/Location/Address/PostalCode`
- Artikelinformationen
    - Bezeichnung → `PurchaseOrderLine/Item/Description`
    - Menge → `PurchaseOrderLine/Quantity`
    - Preis → `PurchaseOrderLine/TotalAmount`

`DataArea/ShipmentUnit`

- Lieferortinformationen
    - Name → `ShipToLocation/Name`
    - Straße → `ShipToLocation/Address/AddressLine`
    - PLZ → `ShipToLocation/Address/CityName`
    - Stadt → `ShipToLocation/Address/PostalCode`
- Artikelinformationen
    - Bezeichnung → `ShipmentUnitItem/Description`
    - Menge → `ShipmentUnitItem/OrderQuantity`

Beispielinstanzen zu den fünf OAGIS-Nachrichten des Szenarios sind im Anhang unter Abschnitt A.1.1 zu finden.

6.2.3.2 UN/EDIFACT

Es ist vorgesehen, dass die Lagerverwaltung Nord Nachrichten im UN/EDIFACT Format austauscht. Dazu werden genau zwei unterschiedliche Mitteilungen benötigt. Zum einen eine Mitteilung für einen Lieferauftrag, die ursprünglich über eine OAGIS `ProcessShipmentUnit` Nachricht eingeht, aber vom ESB transformiert wird und zum anderen eine Lieferbestätigung, die dann vom ESB in eine OAGIS `NotifyShipmentUnit` Nachricht transformiert wird.

Für die zwei benötigten Nachrichten gibt es nach UN/EDIFACT vorgefertigte Pakete (siehe Grundlagenkapitel 2.6). Für den Lieferauftrag ist das die sogenannte `IFTMIN` Nachricht (*instruction of transport*), die für Instruktionen zwischen Handelspartnern, unter anderem für die Kategorie *Transport*, verwendet wird (vgl. [Uni10a]).

Für die Lieferbestätigung wird die `IFTSTA`-Nachricht (*status of transport*) verwendet. Sie wurde extra für Statusberichte entworfen (vgl. [Uni10b]).

Die Nachrichten selbst werden bei UN/EDIFACT in unterschiedliche Segmente aufgeteilt, unter anderem in den Message Header (`UNH`) und in den *Beginning of message*-Segment (`BGM`). Die meisten fachlichen Daten werden hierbei in unterschiedliche Segmentgruppen aufgeteilt. Im Folgenden werden die genutzten Segmente für die fachlichen Daten des Szenarios aufgelistet.

UNH

- Eindeutige ID der Nachricht → `MessageRefNum`
- Nachrichtentyp und dessen Version → `MessageIdentifier` (z.B. IFTMIN)

IFTMIN

- Name des Lieferers → `Seg2/CTA/Contact details/Contact identifier`
- Zeitpunkt → `DTM/Date or time or period text`
- Lieferortinformationen
    - Name → `SegGroup11/NAD/NAME AND ADDRESS`

- Straße → `SegGroup11/STREET`
- PLZ → `SegGroup11/POSTAL IDENTIFICATION CODE`
- Stadt → `SegGroup11/CITY NAME`
- Artikelinformationen
  - Bezeichnung → `SegGroup18/GID/Goods item number`
  - Menge → `SegGroup20/EQN/NUMBER OF UNITS DETAILS`

`IFTSTA`

- Zeitpunkt → `DTM/Date or time or period text`
- Lieferortinformationen
  - Name → `SegGroup1/NAD/NAME AND ADDRESS`
  - Straße → `SegGroup1/STREET`
  - PLZ → `SegGroup1/POSTAL IDENTIFICATION CODE`
  - Stadt → `SegGroup1/CITY NAME`
- Artikelinformationen
  - Bezeichnung → `SegGroup23/GID/Goods item number`
  - Menge → `SegGroup23/QTY/QUANTITY DETAILS`

Die hier hervorgehobenen Message-Fragmente wurden aus der Spezifikation entnommen. Dies begründet die unterschiedliche Groß- und Kleinschreibung der Zielfragmente. Beispiel EDI-Nachrichten und deren Repräsentation in XML sind im Anhang im Abschnitt A.1.2 zu finden.

6.2.3.3 Custom XML

Das dritte Datenformat ist selbst konzipiert und für die Lagerverwaltung Süd angedacht. Es handelt sich um ein XML-Format mit eigenen XML-Schemadefinitionen. Wie auch bei den UN/EDIFACT-Nachrichten werden für die Lagerverwaltung Süd zwei Nachrichten benötigt. Die erste ist zum Versand von Lieferaufträgen und die zweite für den Versand von Lieferbestätigungen. Im folgender Abbildung 6.6 sind in Form eines UML-Klassendiagramms die Nachrichtenformate `Notify` und `Dispatch` zu sehen.

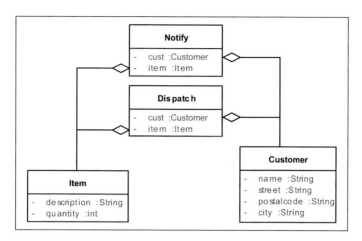

Abbildung 6.6: Custom XML-Format

Beide Formate beinhalten jeweils die Entität `Customer`, für Kundeninformationen, und `Item`, für Artikelinformationen. Die Unterscheidung findet hierbei bei der Superklasse statt, die in XML-Repräsentation als Wurzelelement wiederzufinden ist. Im Anhang unter Abschnitt A.1.3 sind Schemadefinitionen und Beispielnachrichten für dieses Format zu finden.

6.3 Realisierung des Testaufbaus

Bevor die ESBs evaluiert werden können, muss das konzipierte Szenario umgesetzt werden. Dazu gehören die vier Anwendungen, die nach den beschriebenen Abläufen miteinander kommunizieren, sowie die Servicebeschreibungen selbst, die genutzt werden, um die Webservices bekannt zu machen. In den folgenden Abschnitten wird die Realisierung der Servicebeschreibungen und der Anwendungen *Shop*, *Auftragsverwaltung* sowie die Lagerverwaltungen *Nord* und *Süd* beschrieben. Sie werden minimal realisiert, das heißt, dass nur die für das Szenario benötigten Kommunikationsschnittstellen umgesetzt werden. Der Fokus liegt auf dem ESB und nicht auf die Funktionalität der angekoppelten Anwendungen.

6.3.1 Servicebeschreibungen (WSDL)

Die SOAP-basierten Webservices der Anwendungen und der ESBs werden durch WSDL-Dateien beschrieben. Konkret nutzen der Shop, die Auftragsverwaltung, die Lagerverwaltung Süd und jeweils die ESBs diese Beschreibungen. Für die Lagerverwaltung Nord ist eine solche nicht notwendig, da an dieser Stelle einfach gestaltete RESTful-Webservices eingesetzt werden (siehe Abschnitt 6.3.4).

Damit die Datentypen der einzelnen OAGIS-Schemadefinitionen, die zuvor einem Lightening und Flattening unterzogen wurden (siehe Abschnitt 6.2.3.1 und 2.5), sich nicht gegenseitig überlappen, wird eine OAGIS-Master XSD-Datei erzeugt. Diese inkludiert jeweils die einzelnen Standalone Schemadefinitionen der OAGIS-Nachrichten und fasst sie somit zusammen. Anschließend wird auf diese Master XSD-Datei ein erneutes Flattening durchgeführt, um alle Gemeinsamkeiten der einzelnen Schemata zur vereinen und die kleinstmögliche Anzahl an Dateien zu erhalten (pro Namespace eine XSD-Datei).

Diese *flattened*-XSD-Datei dient als Grundlage für die WSDL-Dateien für die OAGIS Webservices. Insgesamt werden für das Szenario drei OAGIS-WSDL-Dateien benötigt, wie auch im Deployment Diagramm im Abschnitt 6.2.2 zu sehen ist; jeweils für den Service `ProcessPurchaseOrder`, `ProcessShipmentUnit` und `NotifyShipmentUnit`. Die ersten beiden synchronen Services, mit `Process`-Verb als Präfix, haben als Parameter die gleichnamigen Datentypen und als Rückgabewert die Nachricht `AcknowledgePurchaseOrder` beziehungsweise `AcknowledgeShipmentUnit`. In Codeausschnitt A.12 im Anhang ist die WSDL-Datei für den Service `ProcessPurchaseOrder` beispielhaft zu sehen. Der asynchronen Webservice `NotifyShipmentUnit` enthält in der entsprechenden Servicebeschreibung keinen Rückgabewert.

Zwei weitere WSDL-Dateien werden für die Custom XML-Services benötigt. Jeweils für den Service `Notify` und `Dispatch`. Sie inkludieren dabei die Elemente `Item` und `Customer`. Das Hauptelement selbst wird jeweils innerhalb der WSDL-Datei definiert (siehe dazu Codeausschnitt A.13).

Für die RESTful-Services werden keine eigenen Servicebeschreibungen benötigt. Hierbei wird die UN/EDIFACT-codierte Nachricht als einzelner Parameter über HTTP-POST übertragen.

6.3.2 Shop

Der Shop wird als eigenständiges Java-Projekt erstellt. Durch das Build-Framework Maven2 (vgl. [The12c]) werden die benötigten Libraries für das Webservice Framework Apache CXF in der Version 2.5.2 geladen. Dazu ist es notwendig, eine Maven2-Konfigurationsdatei zu erstellen (`pom.xml`). Als `dependency` wird das Framework schließlich XML-basiert eingetragen (siehe Codeausschnitt 6.1).

```xml
1 <dependencies>
2   <dependency>
3     <groupId>org.apache.cxf</groupId>
4     <artifactId>cxf-bundle</artifactId>
5     <version>2.5.2</version>
6   </dependency>
7 </dependencies>
```

Quellcode 6.1: Apache CXF Dependency in der Maven2 pom.xml

Durch die automatische Referenzierung der benötigten Pakete in den Classpath kann schließlich das Framework eingesetzt werden. Mit Hilfe des `wsdl2java`-Generators wird aus der Servicebeschreibung `ProcessPurchaseOrder.wsdl` ein Client in Java-Code generiert. Dies ist zum einen über die Kommandozeile möglich, zum anderen auch direkt im Java Code. Letzteres wurde für den Shop angewendet und ist in Codeausschnitt 6.2 zu sehen.

```
1 WSDLToJava.main(new String[] {
2   "-client",               // Nur Client generieren
3   "-validate",             // XSD validieren
4   "-autoNameResolution",   // Bezeichnerprobleme auflösen
5   "-db", "xmlbeans",       // Databinding mit XMLBeans
6   "-d", "src/main/java",   // Zielordner
7   "-classdir", "./cxf",    // Ziel der kompilierten Dateien
8   "./ProcessPurchaseOrder.wsdl"
9 });
```

Quellcode 6.2: Codegenerierung aus einer WSDL-Datei mit WSDL2Java

OAGIS ist ein stark modular aufgebauter Transaktionsstandard. Die Module referenzieren dabei jeweils andere Module. So kann es auch vorkommen, dass referenzierte Module weitere Module einbinden, die vorab schon eingebunden wurden. Dies stellt erstmal kein Problem im Sinne der Definition dar, allerdings hat das standardmäßige Databinding-Framework JAXB Probleme mit dieser Modularisierung. Durch die mehrfach vorkommenden Definitionen von Typen mit den gleichen Namen fordert dieses Framework für alle doppelt vorkommenden Namen ein Redefinition. Dies kann zwar durch manuell konfigurierte Mappings behoben werden, stellt jedoch einen zusätzlichen Aufwand dar. Aus diesem Grund wird an dieser Stelle das Databinding Framework XMLBeans ausgewählt, da es dieses Problem nicht aufweist. Apache CXF unterstützt dieses Framework von Haus aus, sodass durch den Parameter `-db xmlbeans` diese Option eingeschaltet werden kann.

Durch Ausführen des beschriebenen Codegenerators werden schließlich alle benötigten Javaklassen generiert, um den Webservice aufrufen zu können. Dies wird in einer statischen `main`-Methode realisiert und ermöglicht den Aufruf über die Kommandozeile. Über einen

Parameter kann dann die Artikelbezeichnung, über die das Routing im ESB laut Szenario erfolgen soll, gesetzt werden. Dies ist in Codeausschnitt 6.3 dargestellt.

```
1  public static void main(String [] args) throws java.lang.Exception {
2
3    String item = "A";
4
5    // Argumente für anderen Artikel als "A" (für Content-based Routing)
6    if(args != null && args.length > 0) {
7      item = args[0];
8    }
9
10   // Erstelle Request Message
11   ProcessPurchaseOrderDocument request = generateMessage(item);
12
13   // Stub erstellen
14   JaxWsProxyFactoryBean factory = new JaxWsProxyFactoryBean();
15   factory.setServiceClass(SyncPurchaseOrderPortType.class);
16   factory.setAddress("http://10.64.161.43:9000/SyncPurchaseOrder");
17   SyncPurchaseOrderPortType port = (SyncPurchaseOrderPortType) factory.create();
18
19   // Service Aufruf
20   AcknowledgePurchaseOrderDocument response =
         port.processPurchaseOrder(request);
21
22   System.out.println("Response Message:\n" + response.toString());
23 }
```

Quellcode 6.3: Shop: Aufruf des Services `ProcessPurchaseOrder`

Die ausgelagerte statische Methode `generateMessage(...)` in diesem Ausschnitt ist dafür zuständig, die Request-Message mit Beispieldaten zu befüllen. Lediglich die Artikelbezeichnung wird dynamisch anhand des Parameters der Kommandozeile übernommen. Wird kein Parameter angegeben, wird standardmäßig die Artikelbezeichnung `A` verwendet.

Damit eine `jar`-Bibliothek erzeugt werden kann, die den Aufruf des Webservices über den generierten Code ermöglicht, muss in der `pom.xml` eine weitere Angabe zu den Ressourcen getätigt werden. Darin müssen die von Apache CXF generierten Dateien explizit aufgelistet werden (siehe Codeausschnitt 6.4).

```
1  <resources>
2    <resource>
3      <targetPath>schemaorg_apache_xmlbeans</targetPath>
4      <directory>./cxf/schemaorg_apache_xmlbeans</directory>
5      <includes>
6        <include> **/*.xsb </include>
7        <include> **/*.class </include>
8      </includes>
9    </resource>
10 </resources>
```

Quellcode 6.4: Shop: Ressourceangabe in der Maven2-`pom.xml`

Zum Schluss muss in der Maven2-Konfigurationsdatei angegeben werden, dass das Java Archiv mitsamt aller Abhängigkeiten, also dem Apache CXF Framework, erstellt wird. Außerdem ist es notwendig anzugeben, dass der Compiler in einer aktuellen Version verwendet wird. Dies ist in Codeausschnit 6.5 zu sehen.

```xml
<plugins>
  <plugin>
    <artifactId>maven-assembly-plugin</artifactId>
    <configuration>
      <archive>
        <manifest>
          <mainClass>de.fraunhofer.isst.masterarbeit.shop.Shop</mainClass>
        </manifest>
      </archive>
      <descriptorRefs>
        <descriptorRef>jar-with-dependencies</descriptorRef>
      </descriptorRefs>
      <appendAssemblyId>false</appendAssemblyId>
    </configuration>
  </plugin>
  <plugin>
    <groupId>org.apache.maven.plugins</groupId>
    <artifactId>maven-compiler-plugin</artifactId>
    <version>2.0.2</version>
    <configuration>
      <source>1.6</source>
      <target>1.6</target>
    </configuration>
  </plugin>
</plugins>
```

Quellcode 6.5: Shop: Erzeugen des Java Archivs mit Abhängigkeiten (Maven2-`pom.xml`)

Der Start des Erstellungsprozess wird über die Kommandozeile in dem Ordner durchgeführt, in dem auch die Maven2-Konfigurationsdatei liegt. Hier muss schließlich das Maven2-Kommando `mvn assembly:assembly` ausgeführt werden, um die `jar`-Datei zu erzeugen.

Der Start des Szenarios, mit dem Übermitteln einer eingegangen Bestellung, kann somit über die Kommandozeile durchgeführt werden. Im Listing 6.6 ist dies für eine Bestellung des Artikels B zu sehen.

```
java -jar Shop.jar B
```

Quellcode 6.6: Shop: Start des Szenarios über Kommandozeile

6.3.3 Auftragsverwaltung

Die Auftragsverwaltung wird prinzipiell wie der Shop erstellt. Die Abhängigkeit zu Apache CXF für die Webservices sowie die Angaben zum Erstellen der `jar`-Datei werden in eine `pom.xml` Konfigurationsdatei geschrieben.

Zum Erstellen der Services als Server muss im `wsdl2java`-Generator anstelle des Parameters `-client` der Parameter `-server` angegeben werden. Des Weiteren muss, wie im vorherigen Abschnitt beschrieben, der Client Code zum Aufruf des Services `ProcessShipmentUnit` erzeugt werden.

Durch die Generierung des serverseitigen Codes entstehen Interfaces, die jeweils die Servicemethoden beinhalten. Der fachliche Code, der beim Aufruf des Services durchgeführt werden soll, wird in eine Klasse geschrieben, die diese Interfaces implementiert.

Der Beginn der implementierenden Klasse für den Webservice `ProcessPurchaseOrder` ist in Codeausschnitt 6.7 zu sehen.

```
1  public class ProcessPurchaseOrderServer implements SyncPurchaseOrderPortType {
2
3    @Override
4    public AcknowledgePurchaseOrderDocument processPurchaseOrder(
5        ProcessPurchaseOrderDocument message) {
```

Quellcode 6.7: Auftragsverwaltung: Implementierung des Services `ProcessPurchaseOrder`

Innerhalb dieser Service-Methode wird die synchrone Antwort `AcknowledgePurchaseOrder` erstellt und zurückgegeben. Diese enthält den gleichen fachlichen Inhalt, wie die eingegangene Nachricht. Lediglich das Root-Element wird angepasst und das OAGIS-Verb zu `Acknowledge` geändert.

Des Weiteren wird hier der Aufruf des Services zum Auftrag einer Lieferung (`ProcessShipmentUnit`) als Client durchgeführt. Wie ein solcher Aufruf realisiert wird, ist in Abschnitt 6.3.2 im Codeausschnitt 6.3 beschrieben.

Analog zum Server für die Nachricht `ProcessPurchaseOrder` wird auch der Server für die Nachricht `NotifyShipmentUnit` geschrieben. Der Service selbst gibt die eingehende Nachricht als Konsolenausgabe aus und führt keinen weiteren fachlichen Code aus.

In der `main`-Methode werden schließlich die beiden Server für die Webservices `ProcessPurchaseOrder` und `NotifyShipmentUnit` gestartet. Im Listing 6.8 ist der Code zum Start des Services zu sehen. Die IP-Adresse des Servers endet in diesem Fall mit der Nummer

44. Dies ist dadurch begründet, dass alle Anwendungen auf einer VM mit dieser IP liegen und die ESBs die IP mit der Endnummer 43 auf einer anderen VM erhalten. Näheres zum Szenarioaufbau ist in Kapitel 6.2.2 zu lesen.

```
1  Object implementor = new ProcessPurchaseOrderServer();
2  Endpoint.publish("http://10.64.161.44:9010/SyncPurchaseOrder", implementor);
```

Quellcode 6.8: Auftragsverwaltung: Starten eines Services als Server

6.3.4 Lagerverwaltung Süd

Die Lagerverwaltung Süd bietet, wie auch die Auftragsverwaltung, einen SOAP-Webservice an und ist Client eines weiteren SOAP-Webservices. Der jeweilige Code wird, wie auch in den vorherigen Abschnitten erläutert, durch den `wsdl2java`-Generator erzeugt. Es wird jedoch die WSDL-Datei einbezogen, die die selbst definierten Typdefinitionen enthält (*Custom XML*). Aus diesem Grund kann der Client-Aufruf `ProcessShipmentUnit` der Auftragsverwaltung nicht von der Lagerverwaltung Süd verstanden werden, der den Service `Dispatch` bereitgestellt hat.

Das Erstellen der Service-Implementierung sowie des Client-Aufruf erfolgt analog zur Erstellung der Anbindungen wie bei der Auftragsverwaltung (siehe 6.3.3) und dem Shop (siehe 6.3.2).

6.3.5 Lagerverwaltung Nord

Die vierte Anwendung des Szenarios, die Lagerverwaltung Nord, ist ebenfalls ein Maven2-Projekt, unterscheidet sich aber in der Webservice-Art. Bei den anderen Anwendungen kamen SOAP-Webservices zum Einsatz, bei dieser Anwendungen kommen jedoch RESTful Services zum Einsatz. Da das Framework Apache CXF diese Services ebenfalls unterstützt, ist in der initialen Maven2-Konfiguration keine Änderung notwendig.

Für den Umgang mit UN/EDIFACT Nachrichten wird das weitere Framework Smooks Integration verwendet (vgl. [FBZ+12]). Es wird durch Hinzufügen der Smooks Dependencies in die Maven2-Konfigurationsdatei als Library dem Projekt hinzugefügt (siehe Codeausschnitt 6.9).

```
1  <!-- Smooks JavaBean Cartridge -->
2  <dependency>
3      <groupId>org.milyn</groupId>
4      <artifactId>milyn-smooks-javabean</artifactId>
```

```
 5      <version>1.4</version>
 6  </dependency>
 7
 8  <!-- Smooks EDI Cartridge -->
 9  <dependency>
10      <groupId>org.milyn</groupId>
11      <artifactId>milyn-smooks-edi</artifactId>
12      <version>1.4</version>
13  </dependency>
14
15  <!-- Required UN EDIFACT Mapping Models -->
16  <dependency>
17      <groupId>org.milyn.edi.unedifact</groupId>
18      <artifactId>d09b-mapping</artifactId>
19      <version>1.4</version>
20  </dependency>
21
22  <!-- UN EDIFACT Binding the Mappings to Models -->
23  <dependency>
24      <groupId>org.milyn.edi.unedifact</groupId>
25      <artifactId>d09b-binding</artifactId>
26      <version>1.4</version>
27  </dependency>
```

Quellcode 6.9: Lagerverwaltung Nord: Smooks Maven2 Dependencies

Des Weiteren werden als Dependency Mapping Models und Bindings der UN/EDIFACT-Spezifikation angegeben (hier D09B, das heißt Directory Version 2009, 2. Version). Bindings sind vorgefertigte Java Klassen, die als EDI-Repräsentation genutzt werden können. Damit zwischen regulärem EDI-Stream und Bindings transformiert werden kann, werden die Mapping Models benötigt, die entsprechende Regeln gemäß der Spezifikation enthalten.

Damit das Framework Smooks auf die UN/EDIFACT Ressourcen zugreifen kann, muss es durch eine Smooks-Konfigurationsdatei (smooks-config.xml) eingerichtet werden. Darin werden explizit die Mapping Models angegeben, sowie die Bindings, auf die gemappt werden soll. Diese Konfiguration ist in Codeausschnit 6.10 zu sehen.

```
 1  <smooks-resource-list
 2      xmlns="http://www.milyn.org/xsd/smooks-1.1.xsd"
 3      xmlns:unedifact="http://www.milyn.org/xsd/smooks/unedifact-1.4.xsd"
 4      xmlns:core="http://www.milyn.org/xsd/smooks/smooks-core-1.4.xsd"
 5      xmlns:jb="http://www.milyn.org/xsd/smooks/javabean-1.4.xsd">
 6
 7      <unedifact:reader
 8          mappingModel="urn:org.milyn.edi.unedifact:d09b-mapping:v1.4"
 9          ignoreNewLines="true" />
10
11      <import file="/org/milyn/edi/unedifact/d09b/interchange-bindingconfig.xml"/>
12
13  </smooks-resource-list>
```

Quellcode 6.10: Lagerverwaltung Nord: Smooks Konfiguration für UN/EDIFACT

Nachdem nun die Projektkonfiguration abgeschlossen ist, kann mit der Implementierung des RESTful Webservices `Dispatch` begonnen werden. Dazu muss zuerst ein Interface geschrieben werden, das eine Methode enthält, die schließlich als Service fungieren soll. Durch die Annotation `@POST` an der Methode wird beschrieben, dass diese Methode bei einem entsprechenden HTTP-Befehl getriggert wird. Durch die Annotation `@Path` wird jeweils Allgemein (an der Klasse) und für den einzelnen Service angegeben, unter welcher URL diese zu erreichen sind. Durch die Annotation an der Klasse wird diese zu einem *Container*, der mehrere Services enthalten könnte. In diesem Szenario ist es allerdings nur der Service `dispatch()`, der als Argument einen String erhält. Dieser String repräsentiert schließlich den EDI-Stream für die UN/EDIFACT Nachricht `IFTMIN` (*instruction of transport*, Transport-/Speditionsauftrag). In Codeausschnitt 6.11 ist das beschriebene Interface zu sehen.

```
1 @Path("/dispatchservice/")
2 public interface EDIDispatchService {
3
4   @POST
5   @Path("/dispatch")
6   public void dispatch(String edi);
7 }
```

Quellcode 6.11: Lagerverwaltung Nord: Interface des REST-Services

In der Implementierung wird der übergebene EDI-String mit Hilfe des Smooks-Frameworks in ein Java-Binding übertragen. Diese Binding-Klasse wurde, wie zuvor beschrieben, über die Maven2-Konfiguration bereitgestellt. In Codeausschnit 6.12 ist der Code zu sehen, der die Transformation durchführt.

```
1 InputSource ediSource = new InputSource(new StringReader(edi));
2 D09BInterchangeFactory factory = D09BInterchangeFactory.getInstance();
3 UNEdifactInterchange interchange = factory.fromUNEdifact(ediSource);
```

Quellcode 6.12: Lagerverwaltung Nord: UN/EDIFACT zu Java Transformation

Die in dem Objekt `interchange` eingefügten Daten aus dem EDI-String können nun weiterverarbeitet und der praktische Versand damit vorbereitet und durchgeführt werden. Nach dem Versand, der in diesem Szenario imaginär durch eine Log-Ausgabe durchgeführt wird, wird eine Benachrichtigung über die Abarbeitung über die UN/EDIFACT-Nachricht `IFTSTA` (*status of transport*) versendet. Diese Nachricht wird in der Methode `createUNEdifactInterchange()` mit Hilfe der Binding Klassen von Smooks erstellt und zurückgegeben. In Codeausschnitt 6.13 ist zu sehen, wie aus diesem Objekt der EDI-Stream

```
1  UNEdifactInterchange41 interchange41 = createUNEdifactInterchange();
2  Writer w = new StringWriter();
3  D09BInterchangeFactory factory = D09BInterchangeFactory.getInstance();
4  factory.toUNEdifact(interchange41, w);
```

Quellcode 6.13: Lagerverwaltung Nord: Java zu UN/EDIFACT Transformation

```
1  private void notifyServiceCall(String edi) {
2
3      String post = "<edi>" + edi + "</edi>";
4      WebClient client =
             WebClient.create("http://10.64.161.43:8040/services/EDINotify/Notify/");
5      client.header("Content-Type", "application/xml");
6      client.type(MediaType.APPLICATION_XML);
7      client.post(post);
8  }
```

Quellcode 6.14: Lagerverwaltung Nord: Aufruf des REST-Services des ESBs als Client

durch Smooks erzeugt und in einen **StringWriter** übergeben wird.

Es gilt nun, diesen EDI-String per RESTful Webservice als Client an den ESB zu übertragen. Dazu wird ein HTTP-Webclient erstellt, der die Adresse des ESBs übergeben bekommt. In diesem Szenario wird der EDI-String in ein einfaches XML-Element **<edi>** gekapselt und mit dem Content Type **Application/XML** als HTTP-POST Nachricht übertragen. Die Implementierung dazu ist in Codeausschnit 6.14 zu sehen.

Zum Ausführen der Lagerverwaltung muss schließlich in der **main**-Methode der RESTful Server gestartet werden und den Service zur Verfügung stellen. In folgendem Codeausschnitt 6.15 ist die Veröffentlichung des REST-Services zu sehen.

Die **main**-Methode kann durch Starten der von Maven2 erzeugten **jar**-File ausgeführt werden. Dadurch wird der Server gestartet und schließlich der Service bereitgestellt.

```
1  JAXRSServerFactoryBean serverFactory = new JAXRSServerFactoryBean();
2  serverFactory.setAddress("http://10.64.161.44:9040/resources");
3  serverFactory.setResourceClasses(EDIDispatchServiceImpl.class);
4  Server server = serverFactory.create();
5  server.start();
```

Quellcode 6.15: Lagerverwaltung Nord: Starten des REST-Service Servers

6.4 Einbindung ESB 1: Mule ESB

In diesem Abschnitt wird erläutert, wie der Mule ESB in das vorgestellte Szenario integriert wird. Dazu werden vier Routen mit der grafischen Oberfläche Mule Studio erstellt, die die jeweiligen Anwendungen miteinander koppeln. Zusätzlich finden darin Transformationen und Routingentscheidungen statt.

6.4.1 Route: Shop → Auftragsverwaltung

Die erste Route, die umgesetzt wird, ist eine einfache Weiterleitung der Nachricht `Process-PurchaseOrder` vom Shop an die Auftragsverwaltung. Es findet kein Routing und keine Transformation statt.

Dies wird in der Benutzeroberfläche von Mule Studio über die `HTTP`-Komponente realisiert. Dazu wird diese Komponente zweimal benötigt. Die erste Komponente als Inbound-Punkt für den Eingang der Nachricht vom Shop und die zweite als Outbound-Punkt zum Client-Aufruf des Services der Auftragsverwaltung. Der so entstandene Flow ist in Abbildung 6.7 zu sehen.

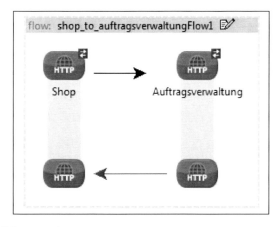

Abbildung 6.7: Mule ESB: Route Shop → Auftragsverwaltung

Die Konfiguration der Komponente kann über einen Benutzerdialog oder über eine XML-Konfiguration vorgenommen werden. Wird ersteres durchgeführt, wird daraus automatisch XML-Code erzeugt, der auch eingesehen werden kann. In Abbildung 6.8 ist zu sehen, wie für die Outbound-Komponente die Adresse der Auftragsverwaltung und der Name des Services angegeben wird.

Abbildung 6.8: Mule ESB: HTTP-Komponente

Der Inbound-Komponente wird als Eingangspunkt die IP-Adresse der virtuellen Maschine eingegeben, auf die die Route ausgeführt wird. Die hier konfigurierte Adresse mit Port und Servicename muss schließlich von einem Client zum Aufruf des Services genutzt werden.

Die resultierende XML-Konfiguration beider Komponenten ist in Codeausschnitt 6.16 zu sehen.

```
<flow
  name="shop_to_auftragsverwaltungFlow1"
  doc:name="shop_to_auftragsverwaltungFlow1">
    <http:inbound-endpoint
      exchange-pattern="request-response"
      host="localhost" port="9000"
      path="SyncPurchaseOrder"
      mimeType="text/xml" contentType="text/xml"
      doc:name="Shop" />
    <http:outbound-endpoint
      exchange-pattern="request-response"
      host="10.64.161.44" port="9010"
      path="SyncPurchaseOrder"
      mimeType="text/xml" contentType="text/xml"
      doc:name="Auftragsverwaltung" />
</flow>
```

Quellcode 6.16: Mule ESB: Konfiguration Shop → Auftragsverwaltung

6.4.2 Route: Auftragsverwaltung → Lagerverwaltung Nord/Süd

In dieser Route wird die Nachricht `ProcessShipmentUnit` empfangen und entsprechend der Artikelbezeichnung ein Content-based Routing durchgeführt. Der `HTTP`-Inbound ist genauso zu realisieren, wie es im vorherigen Abschnitt bereits erwähnt wurde. Hinzu kommt im direkten Anschluss eine `SOAP`-Komponente, die es ermöglicht, auf den Inhalt der eingegangenen Nachricht zuzugreifen. Dies wird schließlich für den Content-based Router benötigt, um die Entscheidung zu treffen, zu welcher Lagerverwaltung die Nachricht weitergeleitet werden soll. Dieser Router wird über die *Flow Control* Komponente `Choice` realisiert. In den Einstellungen wird für das Szenario eine XPATH-Evaluation durchgeführt, die überprüft, ob die Artikelbezeichnung `A` ist. Wenn dies der Fall ist, wird ein Pfad durchlaufen, der die Transformation zu UN/EDIFACT vornimmt und schließlich den RESTful Webservice aufruft. Wenn in der eingegangen Nachricht die Artikelbezeichnung anders als `A` ist, wird der `otherwise`-Pfad eingeschlagen, der schließlich die Transformation zu Custom XML vornimmt und den SOAP-Webservice der Lagerverwaltung Süd aufruft.

Dieser Routing-Mechanismus wird innerhalb einer `Async`-Umgebung eingerichtet. Dies bewirkt, dass die Routing-Entscheidung, sowie die Transformationen und die Serviceaufrufe in einem neuen Task ausgeführt werden und die Antwort auf den initial eingegangenen Serviceaufruf direkt zurückgegeben werden kann.

In folgender Abbildung 6.9 ist der gesamte *Flow* dieser Route zu sehen.

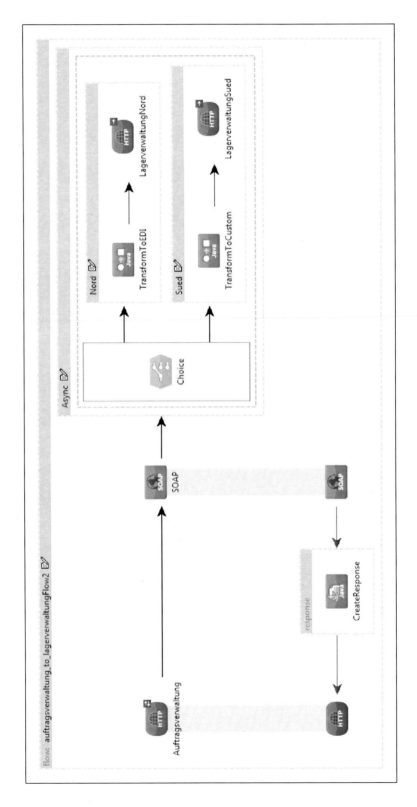

Abbildung 6.9: Mule ESB: Route Auftragsverwaltung → Lagerverwaltung Nord/Süd

Das Erstellen der Antwortnachricht wird durch eine Java-Komponente realisiert. Als Eigenschaft der Komponente wird eine Java-Klasse mittels Name und Packagename referenziert. Diese erzeugte Java-Klasse muss von der abstrakten Oberklasse `AbstractMessageTransformer` abgeleitet werden. Schließlich muss die Methode `transformMessage(...)` überschrieben werden, die zur Transformation der bisherigen Nachricht aufgerufen wird. In Codeausschnitt 6.17 ist der Kopf der Java-Klasse zur Erzeugung den Antwortnachricht `AcknowledgeShipmentUnit` zu sehen.

```java
1  public class AcknowledgeShipmentUnit extends AbstractMessageTransformer {
2
3      @Override
4      public Object transformMessage(MuleMessage message, String outputEncoding)
5          throws TransformerException {
```

Quellcode 6.17: Mule ESB: Header einer Java-Transformationskomponente

In dem Objekt `MuleMessage` ist die Nachricht des Flows gespeichert und kann zur Transformation genutzt werden. Der Rückgabewert der Methode ist dann die neue Nachricht, die im weiteren Verlauf des Flows, hier also zur Weiterleitung als Response Message, genutzt wird.

Mit Hilfe von XPATH können die Daten aus der eingegangenen XML-Nachricht ausgelesen werden. Aufgrund der Verwendung von Namespaces innerhalb der Nachrichten muss XPATH zuvor darauf eingerichtet werden, sodass in den Evaluationsausdrücken die Namespaces genutzt werden können. Dies ist in Codeausschnitt 6.18 zu sehen.

```java
1  // Init Xpath and namespaces
2  XPath xpath = XPathFactory.newInstance().newXPath();
3  NamespaceContext ns_ctx = new NamespaceContext() {
4      String uri;
5      public Iterator getPrefixes(String namespaceURI) {return null;}
6      public String getPrefix(String namespaceURI) {return null;}
7      public String getNamespaceURI(String prefix) {
8          if (prefix.equals("o"))
9              uri = "http://www.openapplications.org/oagis/9";
10             else if (prefix.equals("soap"))
11                 uri = "http://schemas.xmlsoap.org/soap/envelope/";
12             else
13                 uri = null;
14         return uri;
15     }
16 };
17 xpath.setNamespaceContext(ns_ctx);
```

Quellcode 6.18: Konfiguration von XPATH in einer Java-Komponente

Schließlich werden die Daten aus der `MuleMessage` ausgelesen und die neue XML-Nachricht `AcknowledgeShipmentUnit` mit den Werten der eingegangenen Nachricht generiert. Der Code dazu ist im Codeausschnitt A.14 im Anhang zu sehen.

Die Transformationen in die Datenformate UN/EDIFACT sowie Custom XML werden durch selbst erstellte Java-Klassen umgesetzt. Dazu wird an entsprechender Stelle im Flow die `Java`-Transformer Komponente hinzugezogen. In den Eigenschaften dieser Komponente wird ein Verweis auf eine zuvor erstellte Klasse mittels Packagename und Klassenname angegeben.

Die UN/EDIFACT Nachricht wird in dem Java-Transformer über einen `StringBuilder` zusammengefügt. Die nötigen fachlichen Daten in der Nachricht werden, wie zuvor beschrieben, ebenfalls mit XPATH ausgelesen und dem String angefügt. Dies ist in Codeausschnitt A.15 im Anhang gelistet.

Analog dazu findet die Transformation nach Custom XML statt. Hier wird anstelle eines EDI-Streams eine neue XML-Nachricht gemäß der Schemadefinition erzeugt und in einen SOAP-Umschlag gepackt (siehe Codeausschnitt A.16 im Anhang).

Die `HTTP`-Outbound Komponenten werden gleichermaßen konfiguriert. Es wird jeweils die IP-Adresse, der Port und der Pfad angegeben. Der RESTful-Service Aufruf unterscheidet sich hierbei durch den längeren Pfad.

Die gesamte Konfiguration des Flows, wie er in Abbildung 6.9 zu sehen ist, ist in Codeausschnitt 6.19 als XML dargestellt.

```
1  <mulexml:namespace-manager includeConfigNamespaces="true">
2      <mulexml:namespace
3          prefix="o" uri="http://www.openapplications.org/oagis/9"/>
4      <mulexml:namespace
5          prefix="s" uri="http://schemas.xmlsoap.org/soap/envelope/"/>
6  </mulexml:namespace-manager>
7  <flow name="auftragsverwaltung_to_lagerverwaltungFlow2"
8          doc:name="auftragsverwaltung_to_lagerverwaltungFlow2">
9      <http:inbound-endpoint
10         exchange-pattern="request-response"
11         address="http://localhost:9020/SyncShipmentUnit"
12         doc:name="Auftragsverwaltung"/>
13     <response>
14         <component
15             class="de.fraunhofer.isst.masterarbeit.beans.AcknowledgeShipmentUnit"
16             doc:name="CreateResponse"/>
17     </response>
18     <cxf:proxy-service
19         namespace="http://www.openapplications.org/oagis/9/ws"
20         service="SyncShipmentUnitService" payload="body"
21         wsdlLocation="${app.home}/Services/ProcessShipmentUnit.wsdl"
22         enableMuleSoapHeaders="false" doc:name="SOAP"/>
23     <async doc:name="Async">
```

```xml
24    <choice doc:name="Choice">
25     <when expression="/o:ProcessShipmentUnit/o:DataArea/o:ShipmentUnit/
26                       o:ShipmentUnitItem/o:Description = 'A'"
27         evaluator="xpath">
28      <processor-chain>
29       <custom-transformer
30         class="de.fraunhofer.isst.masterarbeit.beans.TransformToNordEDI"
31         doc:name="TransformToEDI"/>
32       <http:outbound-endpoint
33          exchange-pattern="one-way"
34          host="10.64.161.44" port="9040"
35          path="resources/dispatchservice/dispatch/"
36          doc:name="LagerverwaltungNord"/>
37      </processor-chain>
38     </when>
39     <otherwise>
40      <processor-chain>
41       <custom-transformer
42         class="de.fraunhofer.isst.masterarbeit.beans.TransformToSuedCustom"
43         doc:name="TransformToCustom"/>
44       <http:outbound-endpoint
45          exchange-pattern="one-way"
46          host="10.64.161.44" port="9060"
47          path="SyncPurchaseOrder"
48          mimeType="text/xml" contentType="text/xml"
49          doc:name="LagerverwaltungSued"/>
50      </processor-chain>
51     </otherwise>
52    </choice>
53   </async>
54  </flow>
```

Quellcode 6.19: Mule ESB: Konfiguration Auftragsverwaltung → Lagerverwaltung Nord/Süd

6.4.3 Route: Lagerverwaltung Nord → Auftragsverwaltung

Diese Route stellt den Informationsfluss für die Nachricht `NotifyShipmentUnit` von der Lagerverwaltung Nord bis zur Auftragsverwaltung dar. Die Lagerverwaltung spricht dabei den Bus über einen REST-Inbound Endpoint an. Anschließend führt der ESB die Transformation von UN/EDIFACT nach OAGIS durch und leitet schließlich die neue SOAP-Nachricht an die Auftragsverwaltung weiter. Dieser Flow ist in Abbildung 6.10 zu sehen.

Der `HTTP`-Inbound Endpoint wird wie zuvor über die IP-Adresse, den Port und den Pfad konfiguriert. Zur Transformation des EDI-Streams nach XML-OAGIS wird das Framework Smooks hinzugezogen, wie es schon bei der Implementierung der Lagerverwaltung Nord gemacht wurde (siehe Abschnitt 6.3.5).

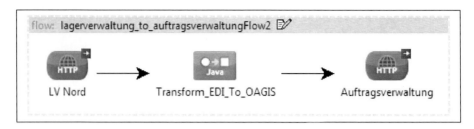

Abbildung 6.10: Mule ESB: Route Lagerverwaltung Nord → Auftragsverwaltung

Damit das Framework Smooks sowie die Bindings und Mappings in der Mule Komponente zur Verfügung stehen, müssen die entsprechenden Libraries dem *Build Path* hinzugefügt werden. Dazu wird im src-Ordner ein Order lib angelegt und folgende vier Libraries eingefügt:

- d09b-binding-1.4.jar
- d09b-mapping-1.4.jar
- freemarker-2.3.15.jar
- milyn-smooks-all-1.4.jar

Durch Rechtsklick auf jede der vier Libraries kann über den Kontextmenüeintrag „Add to Build Path" die Konfigurations durchgeführt werden.

Wie auch in der Realisierung der Lagerverwaltung Nord wird schließlich aus dem EDI-String ein Smooks-Objekt erzeugt, das mittels Getter-Methoden ausgelesen werden kann. So wird schließlich mit Hilfe des `StringBuilder` die neue OAGiS-XML Nachricht zusammengefügt.

Der gesamte Flow der beschriebenen Route als XML-Konfiguration ist in Codeausschnitt 6.20 zu sehen.

```
1  <flow
2    name="lagerverwaltung_to_auftragsverwaltungFlow2"
3    doc:name="lagerverwaltung_to_auftragsverwaltungFlow2">
4    <http:inbound-endpoint
5      exchange-pattern="one-way"
6      host="localhost" port="8040"
7      path="services/EDINotify/Notify/"
8      doc:name="LV Nord" />
9    <custom-transformer
10     class="de.fraunhofer.isst.masterarbeit.beans.TransformAVEDIToOAGIS"
11     doc:name="Transform_EDI_To_OAGIS"/>
12   <http:outbound-endpoint
13     exchange-pattern="one-way"
14     host="10.64.161.44" port="9030"
15     path="NotifyShipmentUnit"
```

```
16      mimeType="text/xml" contentType="text/xml"
17      doc:name="Auftragsverwaltung"/>
18  </flow>
```

Quellcode 6.20: Mule ESB: Konfiguration Lagerverwaltung Nord → Auftragsverwaltung

6.4.4 Route: Lagerverwaltung Süd → Auftragsverwaltung

Die Route von der Lagerverwaltung Süd, die Custom XML Nachrichten versendet, bis zur Auftragsverwaltung wird analog zu den vorherigen Routen konfiguriert. Es wird jeweils eine HTTP-Komponente als In- und Outbound genutzt. Die SOAP-Komponente stellt den Nachrichteninhalt des SOAP-Umschlags bereit und eine Java-Komponente transformiert von Custom-XML nach OAGIS.

Als weitere Komponente zum Testen des Fehlermanagements kommt die `Until Successful`-Komponente zum Einsatz. Flows, die innerhalb dieser Komponente konfiguriert werden, werden solange ausgeführt, bis es einmal zum Erfolg führt, das heißt, dass keine Exception oder kein Webservice Fault auftritt. Dabei kann konfiguriert werden, in welchen Intervallen die Versuche stattfinden sollen, sowie die Anzahl der insgesamt durchzuführenden Versuche.

Der Flow dieser Route ist in Abbildung 6.11 zu sehen und die XML-Konfiguration in Codeausschnitt 6.21.

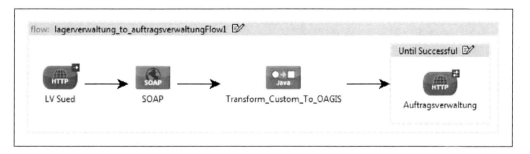

Abbildung 6.11: Mule ESB: Route Lagerverwaltung Süd → Auftragsverwaltung

```
1  <spring:beans>
2      <spring:bean
3          id="objectStore"
4          class="org.mule.util.store.SimpleMemoryObjectStore"
5          doc:name="Bean" />
6  </spring:beans>
7  <flow
```

```
8   name="lagerverwaltung_to_auftragsverwaltungFlow1"
9   doc:name="lagerverwaltung_to_auftragsverwaltungFlow1">
10    <http:inbound-endpoint
11      exchange-pattern="one-way"
12      address="http://localhost:9070/CustomNotify"
13      doc:name="LV Sued" />
14    <cxf:proxy-service
15      namespace="http://isst.fraunhofer.de/masterarbeit/lagerverwaltung/sued"
16      service="NotifyService" payload="body"
17      wsdlLocation="${app.home}//CustomXML/Notify.wsdl"
18      enableMuleSoapHeaders="false" doc:name="SOAP" />
19    <custom-transformer
20      class="de.fraunhofer.isst.masterarbeit.beans.TransformAVCustomToOAGIS"
21      doc:name="Transform_Custom_To_OAGIS" />
22    <until-successful
23      objectStore-ref="objectStore"
24      maxRetries="5" secondsBetweenRetries="60"
25      doc:name="Until Successful">
26      <http:outbound-endpoint
27        exchange-pattern="request-response"
28        host="10.64.161.44" port="9030"
29        path="NotifyShipmentUnit"
30        mimeType="text/xml" contentType="text/xml"
31        doc:name="Auftragsverwaltung" />
32    </until-successful>
33  </flow>
```

Quellcode 6.21: Mule ESB: Konfiguration Lagerverwaltung Süd → Auftragsverwaltung

6.5 Einbindung ESB 2: Talend ESB

In diesem Abschnitt werden die Routen beschrieben, die mit Talend Open Studio erstellt wurden. Diese erfüllen die gleichen Aufgaben wie die Routen, die zuvor für Mule Studio erläutert wurden. Insgesamt sind das vier Routen zwischen Shop, Auftragsverwaltung und den beiden Lagerverwaltungen Nord und Süd.

6.5.1 Route: Shop → Auftragsverwaltung

Die erste Route dient der Weiterleitung der Nachricht `ProcessPurchaseOrder` vom Shop zur Auftragsverwaltung. Hierbei werden keine Daten verändert sondern die Nachricht nur durchgereicht. Realisiert wird dies mit zwei `cXF`-Komponenten; eine als Inbound und eine als Outbound (siehe Abbildung 6.12). Dies wird in der Integrations-Perspektive von Talend Open Studio erstellt. Diese Sicht basiert auf Apache Camel und bietet diverse Routing Komponenten an.

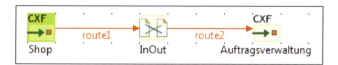

Abbildung 6.12: Talend ESB: Route Shop → Auftragsverwaltung

Die cCXF-Komponente bedient sich dem Open Source Framework Apache CXF und bietet eine komfortable Möglichkeit, Webservices zu realisieren. Die Konfiguration der Komponente findet über einen Benutzerdialog statt. Dort wird die Adresse eingetragen, über die der Service erreichbar ist, sowie die Adresse, über die die WSDL-Datei erreicht werden kann (siehe 6.13).

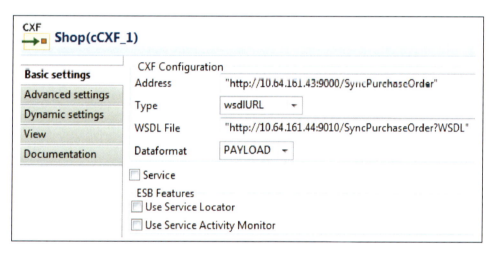

Abbildung 6.13: Talend ESB: CXF-Inbound Komponente

Als Adresse für die WSDL-Datei wird die Adresse der Auftragsverwaltung angegeben, da diese den Service auflistet, der vom ESB repräsentiert werden soll. Die Adresse des Services selbst ist die IP-Adresse der vurtuellen Maschine, auf der der ESB installiert ist.

Die Konfiguration für die Outbound-CXF-Komponente erfolgt analog dazu. Lediglich die Service-Adresse wird auf die IP-Adresse der Auftragsverwaltung angepasst. Eine weitere Komponente, die in der Route eingebaut wurde, ist die cExchangeKomponente. Standardmäßig wird ein Service nur als Eingangsquelle behandelt und liefert somit keinen Rückgabewert (InOnly). Mit dieser Komponente kann dies jedoch auf Ein- und Ausgang umgeschaltet werden (InOut). So wird die Antwort, die die Auftragsverwaltung auf den Serviceaufruf des ESBs erwidert, von dem ESB an den Shop weitergeleitet.

6.5.2 Route: Auftragsverwaltung → Lagerverwaltung Nord/Süd

Als nächste Route wird die Route von der Auftragsverwaltung zu den beiden Lagerverwaltungen, ebenfalls in der Integration Perspektive, erstellt. Hierbei findet das Content-based Routing anhand der Artikelbeschreibung statt.

Start der Route ist eine cCXF-Komponente, die den Service für die Nachricht `ProcessShipmentUnit` bereitstellt (`Auftragsverwaltung`, siehe Abbildung 6.14).

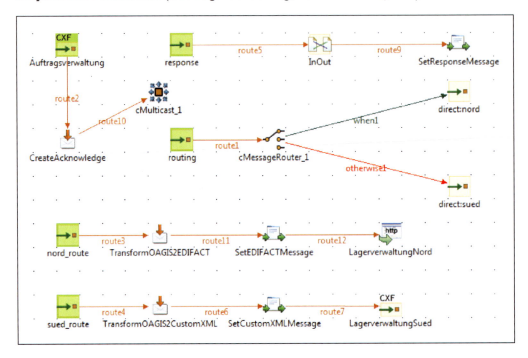

Abbildung 6.14: Talend ESB: Route Auftragsverwaltung → Lagerverwaltung Nord/Süd

Diese wird so konfiguriert, wie im vorherigen Abschnitt bereits beschrieben wurde. Da aber kein anderes System die WSDL-Datei bereitstellt, wird diese Angabe durch einen lokalen Pfad zur WSDL-Datei realisiert.

Als nächstes wird die direkte, synchrone Antwort auf den Service-Aufruf erzeugt, aber noch nicht zurückgegeben (dies erfolgt etwas später). Mit Hilfe der `cSetHeader`-Komponente (hier: `CreateAcknowledge`) kann eine Java-Klasse aufgerufen werden, die die aktuelle Nachricht erhält und eine neue Nachricht als Kontextvariable (hier: `responsemessage`) in den Header schreibt.

In der Klasse befindet sich eine Methode, die als Parameter den Typ `String` enthält und den gleichen Typ wieder zurückliefert. Die weitere fachliche Abarbeitung, also das Erstellen der Antwortnachricht, erfolgt analog zu der Erstellung im Mule ESB (siehe Abschnitt 6.4.2).

Im weiteren Verlauf der Route wird eine `cMulticast`-Komponente eingefügt, die ab dieser Stelle asynchron zwei weitere Pfade durchläuft. Der erste Pfad (`response`) gibt die zuvor erstelle Antwortnachricht an den Serviceaufrufenden zurück. Dazu wird die Nachricht aus dem Header als Payload für die Responsenachricht gesetzt. Dies erfolgt in einer `cMessageProcessor`-Komponente, die es erlaubt, auf komfortablen Wege einige Zeile Java-Code auszuführen (siehe Codeausschnitt 6.22).

```
1 String value = exchange.getIn().getHeader("responsemessage", String.class);
2 exchange.getOut().setBody(value);
```

Quellcode 6.22: Talend ESB: Setzen eines Payloads durch `cMessageProcessor`-Komponente

Ermöglicht wird die synchrone Antwort auf den Eingang des Serviceaufrufs mit der `cExchangePattern`-Komponente (InOut), wie es auch im vorherigen Abschnitt beschrieben wurde.

Der zweite Pfad (`routing`) widmet sich der Weiterverarbeitung der Nachricht. Die Komponente `cMessageRouter` durchführt ein Content-based Routing anhand eines XPATH-Ausdrucks, der direkt auf den entsprechenden `when`-Zweig gelegt werden kann (siehe Abbildung 6.15).

Abbildung 6.15: Talend ESB: Message Router When Zweig

Wenn also dieser Ausdruck wahr wird, wird die eingehende Nachricht durch den `cMessage-Endpoint` `direct:nord` zur `nord_route` weitergeleitet. Dies ist ebenfalls ein `cMessage-Endpoint` und wird über den Namen des Endpoints des `when`-Zweigs verknüpft.

Wenn der Ausdruck nicht wahr wird, also in jedem anderen Fall, wird der Weg über `sued_route` genutzt. Bei beiden Pfaden findet die Transformation von der eingegangenen OAGIS-Nachricht zu UN/EDIFACT beziehungsweise Custom XML statt. Dies wird jeweils durch eine Methode in einer Java-Klasse durchgeführt, die über eine `cSetHeader`-Komponente angesprochen wird (hier: `TransformOAGIS2EDIFACT` und `TransformOAGIS2-CustomXML`). Die folgende `cProcessorKomponente` (hier: `SetEDIFACTMessage` und `SetCustomXMLMessage`) setzt die erstellte Nachricht aus dem Header in den aktuellen Payload der Nachricht, sodass diese über einen Endpoint an die entsprechende Lagerverwaltung weitergeleitet werden kann.

Für die Lagerverwaltung Süd wird wieder eine `cCXF`-Komponente gewählt, die wie gehabt konfiguriert wird. Für die Lagerverwaltung Nord wird die `cHTTP`-Komponente gewählt, die mittels eines HTTP-Posts die Nachricht an den REST-Webservice weiterleitet. Die Konfiguration dieser Komponente ist in Abbildung 6.16 zu sehen.

Abbildung 6.16: Talend ESB: REST-Outbound Komponente

6.5.3 Route: Lagerverwaltung Nord → Auftragsverwaltung

Die nächste zu realisierende Route ist von der Lagerverwaltung Nord zur Auftragsverwaltung. Diese wird, anders als die zuvor erstellen Routen, nicht in der Integration Perspektive sondern in der Mediation Perspektive erstellt. Der Grund dafür ist zum einen das Vorhandensein von einer UN/EDIFACT-Komponente und zum anderen die weitere und tiefere Erforschung der Möglichkeiten von Talend Open Studio.

Der Ablauf der Route ist wie folgt: Zuerst wird die Nachricht über eine REST-Komponente von der Lagerverwaltung Nord empfangen. Diese ist in einem einfachen XML-Tag `<edi>` gekapselt. Durch eine `tXMLMap`-Komponente wird der Inhalt in den normalen Flow der Route übertragen. Ist dies geschehen, wird diese Nachricht in eine lokale Datei auf dem Server des ESBs abgespeichert. Der Grund dafür ist, dass die nächste Komponente, die gestartet wird, sobald der erste Teil der Route abgeschlossen ist, also wenn die Datei gespeichert wurde, einen UN/EDIFACT EDI-Stream nach XML umwandeln kann, jedoch nur aus einer Datei heraus.

Diese XML-Repräsentation wird geloggt und mit Hilfe einer weiteren `tXMLMap`-Komponente in eine anderes XML-Format transformiert, nämlich dem OAGIS-Format für die Nachricht `NotifyShipmentUnit`. Diese Nachricht wiederum wird per Webservice Clientaufruf (Komponente `tESBConsumer`) an die Auftragsverwaltung weitergeleitet.

In Abbildung 6.17 ist die erste Route bis zum Erstellen der EDI-Datei, sowie der darauf folgende *Subjob* zusehen, der die Transformation durchführt und die Nachricht weiterleitet.

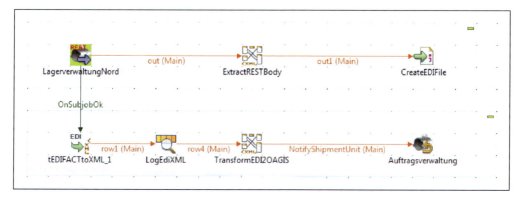

Abbildung 6.17: Talend ESB: Route Lagerverwaltung Nord → Auftragsverwaltung

Die Konfiguration der Inbound REST-Komponente (tRESTRequest) erfolgt über den Benutzerdialog. Dort wird die URI angegeben, über die der Service zu erreichen ist. Des Weiteren wird festgelegt, auf welche HTTP-Methode reagiert werden soll, in diesem Fall POST. Die Konfiguration ist in Abbildung 6.18 zu sehen.

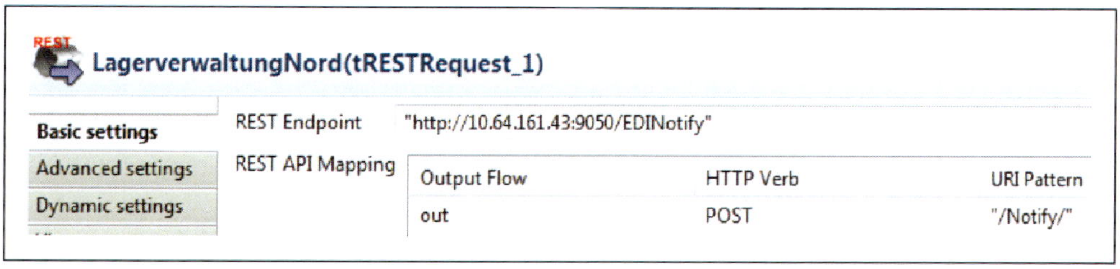

Abbildung 6.18: Talend ESB: Inbound `tRESTRequest`-Komponente

Das Extrahieren der Daten aus der eingegangenen XML-Nachricht erfolgt über einen eigenen XMLMap-Editor (siehe 6.19). Dort wird auf der linken Seite das XML-Format angelegt, über eine Variable zwischengespeichert und in den Standard Output der Komponente gelegt. Zum anschließenden Erzeugen der Datei muss lediglich in der Komponente der gewünschte Pfad und Dateiname angegeben werden.

In der tEDIFACTToXML-Komponente wird dieser Pfad verwendet, um den EDI-Stream in

Abbildung 6.19: Talend ESB: `tXMLMap`-Komponente zum Auslesen der REST-Nachricht

XML umzuformatieren. Dort muss des Weiteren noch die Version der UN/EDIFACT Nachricht angegeben werden (hier: D09B).

Die Transformation von der XML-Repräsentation der UN/EDIFACT Nachricht erfolgt wieder über eine `tXMLMap`-Komponente. Hier werden die aus der EDI-Nachricht benötigten Werte in temporäre Variablen übertragen und schließlich an passender Stelle in die OAGIS-Nachricht eingetragen (siehe Abbildung 6.20). Die XML-Struktur muss dabei nicht von Hand angelegt werden, was natürlich möglich wäre, sondern kann über die Funktion „Import From File" aus einer Beispielinstanz abgeleitet werden. Diese Funktion kann über einen Rechtsklick auf den Outstream (hier: `payload`) erreicht werden.

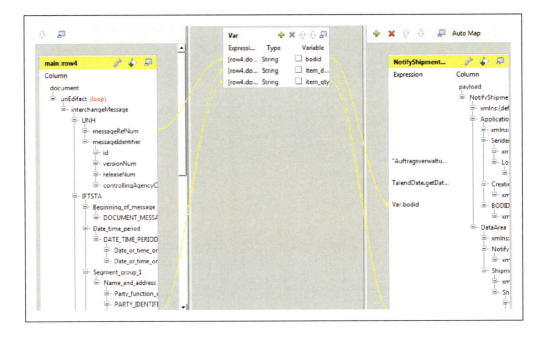

Abbildung 6.20: Talend ESB: `tXMLMap`-Komponente zur Transformation von EDI nach OAGIS

6.5.4 Route: Lagerverwaltung Süd → Auftragsverwaltung

Die letzte Route von der Lagerverwaltung Süd zur Auftragsverwaltung wird wieder in der Integration Perspektive erstellt. Hierbei gibt es zwei cCXF-Komponenten für den In- und Outbound. Dazwischen findet die Transformation von Custom XML zu OAGIS statt. Dies wird über eine von der Komponente cHeader ausgeführte Methode einer Klasse realisiert. Der fachliche Inhalt dazu wurde bereits in der Realisierung der Route von Mule ESB erläutert (siehe Abschnitt 6.4.4).

Anders, als in den vorherigen Routen, wird der Message Payload diesmal nicht mit einer cMessageProcessor-Komponente gesetzt, sondern mit der Komponente cSetBody (hier: SetOAGISMessage, siehe Abbildung 6.21). Der Grund dafür ist, dass es in der Version von Talend ESB, die in dieser Evaluation genutzt wird, das Error Handling in dieser Weise nicht funktioniert. Durch eine Rückmeldung des Supports konnte dies jedoch mit der cSetBody-Komponente umgesetzt werden.

Abbildung 6.21: Talend ESB: Route Lagerverwaltung Süd → Auftragsverwaltung

Für das Fehlermanagement der Outbound-cCXF-Komponente werden zwei weitere Komponenten benötigt. Die erste ist eine cConfig-Komponente, die genutzt wird, um die aktuelle Konfiguration von der zugrunde liegenden Infrastruktur anzupassen (hier: HandleFault). Für das Fehlermanagement muss das Exception-Handling von Fault-Nachrichten eingeschaltet werden. Fault-Nachrichten sind Fehler-Nachrichten, die bei Problemen bei Webservices auftreten und auch versendet und empfangen werden können.

Mit der Einstellung camelContext.setHandleFault(true); kann schließlich mit Hilfe von Error-Komponenten auf solche Fehler eingegangen werden.

Für das Szenario wird die Komponente cErrorHandler verwendet (hier: RetryHandler). Über die Konfiguration der Komponente wird eingestellt, wie oft versucht werden soll, die Nachricht zu übermitteln (Maximum Redeliveries) und wie groß der Abstand zwischen den Versuchen sein soll (Redelivery Delay). Die Konfigurationsseite der Komponente ist in Abbildung 6.22 zu sehen.

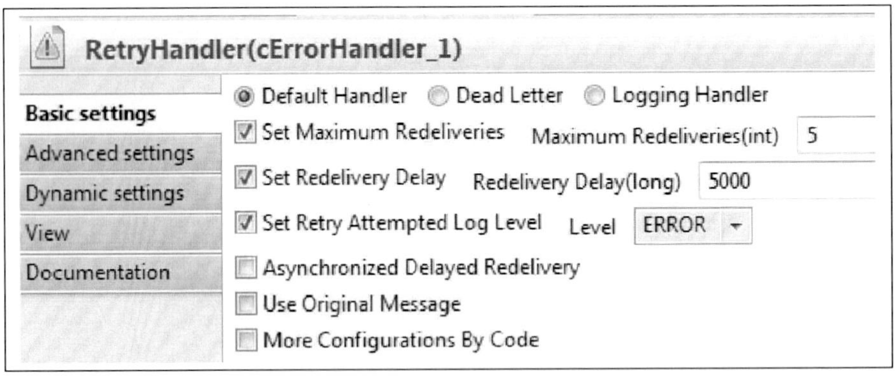

Abbildung 6.22: Talend ESB: `cErrorHandler`-Komponente zur Fehlerbehandlung

6.6 Deployment und Testdurchlauf

Die auf Talend ESB und Mule ESB entwickelten Routen müssen zu Testzwecken auf einer virtuellen Maschine deployed werden. Dazu werden die Standalone-Server der jeweiligen Anbieter hinzugezogen. Für jeden ESB werden schließlich Testdurchläufe durchgeführt, um die Funktionalität zu überprüfen.

In den folgenden Abschnitten wird erläutert, wie die beiden ESBs installiert und wie die Routen deployed werden. Außerdem wird kurz auf die Inbetriebnahme der Anwendungen eingegangen. Anschließend wird der genauere Testdurchlauf beschrieben.

6.6.1 ESBs auf VM 1

Auf der ersten virtuellen Maschine werden die beiden ESBs zur Ausführung der Routen installiert. Die entsprechende IP (10.64.161.43) wurde in der Konfiguration stets berücksichtigt. In den folgenden zwei Abschnitten wird jeweils erläutert, wie die ESBs eingerichtet werden müssen, um für das Szenario einsatzbereit zu sein.

Mule ESB

Damit die mit Mule Studio erstellten Routen auf der VM ausgeführt werden können, müssen diese zunächst als *Deployable Archive* aus Mule Studio exportiert werden. Dies geschieht über Rechtsklick auf das Projekt und der Funktion „Export". Hier wird von Mule die Option „Mule Studio Project to Mule Deployable Archive (includes Studio metadata)" angeboten.

Zum Deployen dieses Archivs muss die Mule Standalone Edition heruntergeladen und extrahiert werden. Das Deployable Archive muss nun in den Unterordner `Apps` kopiert werden. Der Server kann jetzt über eine Batch-Datei im Ordner `bin` gestartet werden.

Talend ESB

In dem Installationsarchiv, in dem sich auch Talend Open Studio befindet, befindet sich außerdem auch eine Standalone Version des OSGi-Runtime Containers, der auf Apache Karaf beruht. Zum Deployen der Routen aus der Mediation Perspektive muss über einen Rechtsklick auf die Route die Option „Export Route" ausgewählt werden. Dies muss für jede Route durchgeführt werden. Das Ergebnis sind in diesem Fall `kar`-Dateien, die in das Verzeichnis `container/deploy` der Standalone-Umgebung von Talend kopiert werden müssen.

In der vorliegenden Version von Talend ESB musste, falls eine Route redeployed werden muss, die vorherige Version in der Laufzeitumgebung deinstalliert werden. Erst danach kann die neue Version wieder funktionstüchtig eingespielt werden.

Die eine Route aus der Integration Perspektive, also Lagerverwaltung Nord zur Auftragsverwaltung, kann ebenfalls über das Kontextmenü exportiert werden. Hier heißt die Option der Wahl allerdings „Export Job". Die Datei hat diesmal die Endung `.jar` und muss ebenfalls in das Verzeichnis `container/deploy` kopiert werden. Bei Routen/Jobs aus der Integration Perspektive gab es keinerlei Probleme beim wiederholten Deployment. Hierbei reicht das Überschreiben der vorherigen Version im laufenden Betrieb.

Der Talend ESBs wird, wie auch bei Mule ESB, durch eine Batch Datei gestartet, die sich im Ordner `container/bin` befindet.

6.6.2 Apps auf VM 2

Die mit der Programmiersprache Java entwickelte Auftragsverwaltung sowie die Lagerverwaltungen Nord und Süd wurde mit dem Build-Tool Maven2 so konfiguriert, dass sie als `jar`-Datei direkt über die Java Runtime Environment (JRE) ausgeführt werden können. So werden die drei erstellten Archive auf die zweite virtuelle Maschine gepackt (IP 10.64.161.44). Durch den Konsolenaufruf `java -jar [Dateiname]` können diese schließlich gestartet werden. Die implementierten Services werden dabei automatisch bereitgestellt.

6.6.3 Testdurchlauf

Zum Testen des Szenarios wird eine bestimmte Reihenfolge an Aktionen durchlaufen. Dadurch ist sichergestellt, dass bei mehreren Durchläufen die gleichen Schritte eingehalten werden und somit die Ergebnisse identisch sein sollten.

Der Ablauf ist dabei wie folgt:

1. Starten der Auftragsverwaltung auf VM2
2. Starten der Lagerverwaltung Nord auf VM2
3. Starten der Lagerverwaltung Süd auf VM2
4. Starten von Mule ESB auf VM1
5. Starten des Shops auf der Workstation mit dem Parameter `A`
6. Überprüfen der Antwortnachricht `AcknowledgePurchaseOrder` im Shop
7. Überprüfen des Nachrichteneingangs in der Lagerverwaltung Nord
8. Überprüfen der Mitteilung `NotifyShipmentUnit` in der Auftragsverwaltung
9. Starten des Shops auf der Workstation mit dem Parameter `B`
10. Überprüfen der Antwortnachricht `AcknowledgePurchaseOrder` im Shop
11. Überprüfen des Nachrichteneingangs in der Lagerverwaltung Süd
12. Überprüfen der Mitteilung `NotifyShipmentUnit` in der Auftragsverwaltung
13. Beenden von Mule ESB auf VM1
14. Starten von Talend ESB auf VM1
15. Wiederholen der Schritte 5 - 12
16. Beenden von Talend ESB auf VM1

Durch diesen Ablauf werden alle Funktionalitäten des Szenarios durchlaufen. Dabei werden beide Routing-Entscheidungen anhand der Artikelbezeichnung `A` und `B` durchlaufen, sowie Transformationen zu und von UN/EDIFACT sowie Custom XML vorgenommen.

Ein weiterer Testdurchlauf überprüft schließlich noch das Fehlermanagement bei der Route „Lagerverwaltung Süd → Auftragsverwaltung". Dieser Ablauf findet wie folgt statt:

1. Starten der Auftragsverwaltung auf VM2

2. Starten der Lagerverwaltung Nord auf VM2

3. Starten der Lagerverwaltung Süd auf VM2

4. Starten von Mule ESB auf VM1

5. Deaktivieren des Services `NotifyShipmentUnit` in der Auftragsverwaltung

6. Starten des Shops auf der Workstation mit dem Parameter `A`

7. {60s warten} Aktivieren des Services `NotifyShipmentUnit` in der Auftragsverwaltung

8. Überprüfen ob Mitteilung `NotifyShipmentUnit` der Auftragsverwaltung nachgeliefert wird

9. Beenden von Mule ESB auf VM1

10. Starten von Talend ESB auf VM1

11. Wiederholen der Schritte 5 - 8

12. Beenden von Talend ESB auf VM1

Dadurch, dass der Service `NotifyShipmentUnit` in der Auftragsverwaltung beendet wurde, kann der ESB die Nachricht nicht weiterleiten. An dieser Stelle muss das implementierte Fehlermanagement greifen, das über einen bestimmten Zeitraum den erneuten Versand durchführt. Nach dem Starten des Shops mit dem Versand der Mitteilung `ProcessPurchaseOrder` wird also eine gewisse Zeit gewartet, sodass sichergestellt wird, dass der Ablauf des Szenarios bis zu dieser Stelle gewährleistet ist. Danach wird der Service wieder gestartet und der ESB muss in seiner nächsten Iteration die Nachricht wieder übermitteln können.

6.7 Ergebnis

Die Ergebnisse der praktischen Evaluation nach den beschriebenen Kriterien in Abschnitt 6.1 sind in Tabelle 6.1 aufgeführt.

Praktischer Vergleich	Mule ESB	Talend ESB
Installation/Einrichtung		
Aufwand	○ MuleStudio kann direkt über ausführbare Datei gestartet werden ○ Standalone Runtime über Startscript ausführbar	○ OpenStudio starten über ausführbare Datei ○ OSGi-Runtime Container über Startscript ausführbar
Schwierigkeitsgrad	○ sehr leicht	○ sehr leicht
Entwicklung		
Szenario vollständig umsetzbar	○ kein simples Bereitstellen von WSDL-Dateien ohne Codegenerierung möglich ○ Codegenerierung bei OAGIS-Webservices nicht möglich (JAXB Typproblem) ○ kein Anpassen des Generators von MuleStudio möglich	○ Probleme beim Export von Integration-Jobs, manuelle Anpassung der Manifest notwendig
Konfigurationsaufwand	○ Überwiegend Drag-and-Drop ○ wenige Parameter bei den Komponenten im Dialog oder per XML möglich ○ XML-Konstrukte werden automatisch pro Komponente erzeugt	○ Konfiguration über Benutzerdialoge ○ wenig Konfiguration der Komponenten notwendig
Testunterstützung	○ direktes Ausführen der Routen im Studio ○ gleichzeitiges Ausführen aller Routen eines Projekts möglich ○ integriertes Debugging ○ Echo-Komponente für Testausgaben der aktuellen Message	○ direktes Ausführen der Routen/Jobs im OpenStudio ○ nur eine Route gleichzeitig möglich ○ Anzeige von Statistiken pro Verbindung ○ integriertes Debugging ○ Interceptor-Komponente für Zwischenergebnisse
Deployment	○ Export des gesamten Projekts in das Verzeichnis des ESBs ○ Re-Deployment durch Löschen einer Anchor-Datei	○ Deployment durch Exportieren der Route/Job ins ESB-Verzeichnis ○ aktuell kein Hot Deployment von Routen ○ manuelles Deinstallieren/Installieren der Route notwendig ○ Jobs sind Hot Deployable

Tabelle 6.1: Ergebnis des praktischen Vergleichs (1/2)

Praktischer Vergleich	Mule ESB	Talend ESB
Benutzeroberfläche		
Intuition / Übersichtlichkeit / Handhabung	○ simple Komponenten ohne XML/Java Konfiguration nutzbar ○ komplexe Komponenten wenig intuitiv über Dialoge konfigurierbar ○ häufige Konfiguration über XML ○ Erzeugen einer Route per Drag-and-Drop simpel und intuitiv ○ Übersichtlich durch automatische Ausrichtung der Icons ○ Palette der Komponenten kategorisiert	○ viele Komponenten selbsterklärend ○ Palette der Komponenten kategorisiert ○ Drag-and-Drop zum Erzeugen der Route/Job ○ Konfiguration in Dialogen, kein XML/Java notwendig ○ Wechsel zwischen Perspektiven *Integration* und *Mediation* für Jobs und Routen führt zur Unübersichtlichkeit ○ Quellcode oder Scripte nur für fachlichen Kontext notwendig
Fehlermanagement		
Möglichkeiten	○ Until-Successful Komponente für determinierte Wiederholung von Ereignissen bis zum Erfolg ○ Exception-Filter Komponente für Reaktion auf bestimmte Ausnahmen	○ Komponenten zur Erstellung von try/catch/finally Varianten (für Routen) ○ ErrorHandler Komponente mit der Retries etc. eingerichtet werden können ○ Exception Komponente für Reaktion auf bestimmte Ausnahmen
Service nicht verfügbar	○ Behandlung mit Until-Successful Komponente ○ schnelle und problemlose Konfiguration	○ Behandlung von cErrorHandler Komponente ○ schnelle Konfiguration ○ Probleme mit MessageProcessor Komponente
Sonstiges		
Positives	○ gute Integration in Eclipse ○ leichte Verwaltung eigener Java-Klassenkomponenten und externen Libraries/Ressourcen	○ Komponenten gut beschrieben ○ nahezu zu jeder Komponente Beispiele vorhanden ○ viele verschiedene Komponenten verfügbar
Negatives	○ häufige Konfiguration über XML notwendig	○ Wechsel zwischen Integration- und Mediationperspektive ○ Jobs und Routen können nur durch Umwege Nachrichten austauschen

Tabelle 6.2: Ergebnis des praktischen Vergleichs (2/2)

Mule ESB

Zusammengefasst lässt sich sagen, dass das Szenario mit Mule ESB vollständig umgesetzt werden konnte. Probleme gab es beim Einbinden von OAGIS Webservices, da hierbei die Codegenerierung fehlschlug. Mit einer Proxy Funktion, bei der keine Codegenerierung notwendig ist, gab es allerdings keine Probleme. Die Benutzeroberfläche basiert auf Eclipse und ist deshalb wie gewohnt zu bedienen. Die Komponenten können per Drag-and-Drop verwendet werden und bilden den sogenannten *Flow*. Die Kopplung mehrere Komponenten miteinander geschieht automatisch durch das Anfügen vor beziehungsweise hinter der entsprechenden Komponente. Dabei wird von Mule automatisch der Fluss so gestaltet, dass er stets übersichtlich ist. Lediglich die Konfiguration der einzelnen Komponenten lässt zu Wünschen übrig. Besonders bei der Webservice-Komponente sind zahlreiche Konfigurationen möglich, dabei ist nicht ersichtlich, welche Parameter auszufüllen sind und welche nicht. Letztendlich geht man dann doch den Weg über die XML-Konfiguration, wie sie auch in den meisten Tutorials vorzufinden ist. Diese Konfiguration kommt jedoch mit wenigen Zeilen XML aus und bleibt dabei übersichtlich.

Talend ESB

Talend ESB hat ein großes Repertoire an Komponenten, aufgeteilt in Jobs und Routen. Herausragend ist die Bedienung des User Interfaces und der Komponenten. Die Konfiguration erfolgt stets über die Oberfläche in Dialogen für jede Komponente. Für das Fehlermanagement musste eine Komponente ausgetauscht werden, welche fachlich jedoch sehr gut in den Ablauf passt. Beim Exportieren eines Jobs aus der Integrations-Perspektive gab es Probleme, die mit Hilfe der schnell antwortenden Community durch einen Workaround aber gelöst werden konnten. Das Problem ist die Kombination zwei genutzter Komponenten, die sich gegenseitig beeinflusst haben. Die entsprechende Fehlerbehebung wird in der kommenden Version eingebaut. Die üppiger ausgestattete Integrations-Perpektive für die Jobs lässt sich nur über Umwege in eine Route integrieren, wenn dabei Nachrichten ausgetauscht werden sollen. Hierbei wurde in der Community des Öfteren eine Message Queue vorgeschlagen, die für das einfache synchrone Weiterleiten einer Nachricht erst konfiguriert werden müsste und sicherlich die Performance beeinträchtigt. Das Szenario konnte ebenfalls vollständig umgesetzt werden.

Resümee

Es wird ein Enterprise Service Bus für die Logistics Mall gesucht, der verschiedensten Anforderungen genügen muss. Das Hauptaugenmerk bei dieser Evaluation liegt dabei auf Usability, Durchführbarkeit eines Szenarios sowie die dabei gewonnenen Kenntnisse über die Bedienung der ESBs.

Der mit Komponenten umfangreich ausgestattete Talend ESB ist intuitiv zu bedienen und bietet sehr gute Dokumentationen und Tutorials, die direkt über die Benutzeroberfläche erreicht werden können. Sie sind bebildert und zeigen die notwendigen Schritte, die über Dialoge durchgeführt werden müssen. Dies ist eine sehr gute Voraussetzung für den externen Betreiber, der den ESB der Logistics Mall im produktiven Einsatz verwalten wird.

Der ESB von Mule ist hingegen weniger komfortabel zu konfigurieren. Der Aufbau der Routen beziehungsweise Flows geschieht zwar sehr intuitiv und übersichtlich, jedoch ist die Konfiguration der einzelnen Komponenten schwieriger gestaltet, sodass dann schließlich doch in XML konfiguriert wird, wie es auch in den Tutorials vorgemacht wird.

Mule ESB wirkt sehr robust. Testfälle in der Entwicklungsumgebung und exportierte Routen in die Laufzeitumgebung haben stets ohne Probleme funktioniert. Bei Talend ESB scheint es noch kleine Fehler zu geben, die durch gewisse Kombinationen von Komponenten entstehen. Durch die Community und den Support konnte aber selbst in der kostenlosen Community-Edition ohne Service-Subscription ein solches Probleme schnell gelöst werden.

Talend ESB ist aufgrund der intuitiv gestalteten Dialoge zur Konfiguration der Komponenten hinsichtlich der Usability deutlich vor dem Mule ESB. Der Wechsel zwischen den Perspektiven *Integration* und *Mediation* ist allerdings gewöhnungsbedürftig. Mule ESB bietet eine übersichtlich gestaltete Oberfläche, in der sich Eclipse-Benutzer sehr wohl fühlen.

Die überwiegende XML-Konfiguration der Komponenten bei Mule führt jedoch dazu, dass nach ausführlicher Evaluation hinsichtlich der Anforderungen eine Empfehlung für den Talend ESB ausgesprochen wird.

Kapitel 7

Abschlussbetrachtung

In dieser Arbeit wurden zu Beginn einige Grundlagen erläutert, die notwendig waren, um im weiteren Verlauf das Verständnis zu gewährleisten. Dazu wurden im weiteren Text auch Rückverweise eingefügt. Anschließend wurde die Cloud-basierte Logistikplattform Logistics Mall vorgestellt, für die es einen ESB zu finden galt. Dazu wurden schließlich Anforderungen herausgearbeitet, die dazu genutzt wurden, im späteren Verlauf Kriterien für die Evaluation festzulegen. Eine der Hauptanforderungen war hierbei die Usability beziehungsweise leichte Bedienbarkeit des ESBs. Dieser Fokus wurde gewählt, da ein externer Betreiber die Logistics Mall produktiv einsetzen wird. Dies muss möglichst reibungslos geschehen, da der Betreiber nicht der Entwickler ist; voraussichtlich werden Administratoren die Logistics Mall pflegen und warten, bei denen keine tieferen Kenntnisse in der Softwareentwicklung vorausgesetzt werden können.

Anschließend wurde eine Marktanalyse durchgeführt und einige Open Source ESBs aufgelistet, die in die Evaluation der Arbeit einbezogen wurden. Hierzu wurden die Pflichtkriterien Programmiersprache Java, eine Open Source Lizenzierung und die Möglichkeit, den ESB auf einem Linux/UNIX System zu betreiben, herangezogen.

Diese ESBs wurden schließlich in einem mehrstufigen Vergleich nach Herstellerangaben analysiert und eingegrenzt. Diejenigen ESBs, die grobe Lücken vorwiesen oder gegen die Konkurrenzprodukte abfielen, schieden in dieser Stufe aus und wurden nicht weiter betrachtet. Analysiert wurden die ESBs in der Reihenfolge der Kategorien *Kommerzieller Support, Dokumentation, Community, Vitalität/Reifegrad, Zukunftssicherheit* sowie unter dem Gesichtspunkt *Integrationsaspekte*. Anschließend wurden nach einer direkten Gegenüberstellung zwei ESBs ausgewählt, die praktisch evaluiert wurden.

Für die praktische Evaluation wurde ein Logistik-nahes Szenario entworfen. Dazu wurden ein UML-Deployment Diagramm, ein UML-Sequenzdiagramme sowie ein UML-Komponentendiagramm vorgestellt. Die darin konzipierten Anwendungen nutzen unterschiedliche Datenformate. Dazu gehören OAGIS, UN/EDIFACT und eine Eigenentwicklung. Diese wurden im Detail erläutert. Dieses Szenario wurde schließlich mit Java implementiert und die ESBs nacheinander integriert und ausgetauscht. Anhand eines selbst entworfenen Kriterienkatalogs für die praktische Evaluation wurden die beiden ESBs schließlich bewertet und ein ESB begründet für die Nutzung in der Logistics Mall vorgeschlagen.

7.1 Zusammenfassung aller Ergebnisse

Die beiden Produkte ChainBuilder ESB und Petals ESB schieden in der ersten Stufe des Vergleichs nach Herstellerangaben aus. Sie bieten keinen oder keinen adäquaten kommerziellen Support an.

Open ESB beziehungsweise Glassfish ESB als kommerzielles Produkt schieden in der zweiten Stufe aus, da der initiale Entwickler Sun von Oracle aufgekauft wurde, die wiederum ein eigenes kommerzielles Produkt anbieten.

In der dritten Stufe schied im Sinne der Zukunftssicherheit Ultra ESB aus, da das Unternehmen ein sehr junges und kleines Startup-Unternehmen ist, dass sich auf dem Markt noch nicht sicher etablieren konnte.

In der vierten Stufe schieden Apache ServiceMix beziehungsweise Fuse ESB als kommerzielles Produkt und Apache Synapse beziehungsweise WSO2 ESB als kommerzielles Produkt aus. Beide bieten keine grafischen Tools zur freien Verfügung an; wegen der Anforderungen der freien Nutzung der ESBs und der guten Bedienbarkeit für den externen Betreiber schieden die ESBs an dieser Stelle aus.

Übrig blieben somit JBoss ESB, Mule ESB und Talend ESB. Letzterer wurde direkt zur praktischen Evaluation ausgewählt, da er in allen Kategorien gute Werte erzielen konnte und somit den Anforderungen genügte. Zwischen JBoss ESB und Mule ESB gab es eine direkte Gegenüberstellung, um eine bessere Entscheidung fällen zu können. Schließlich konnte Mule ESB sich durchsetzen, da dieses Produkt viele Kundenreferenzen vorzuweisen hat und als bisheriger Marktführer gilt.

Im praktischen Vergleich konnte das Szenario sowohl mit Mule ESB als auch mit Talend ESB erfolgreich umgesetzt werden. Mule ESB weist eine sehr gute Integration in Eclipse auf, mit der ein Entwickler sich schnell einarbeiten und eigene Klassen und Bibliotheken einbinden kann. Bei Talend ESB ist es zwar unkonventionell zwischen den Perspektiven *Mediation* und *Integration* wechseln zu müssen, das Produkt bietet jedoch zahlreiche Komponenten und Möglichkeiten an. Aufgrund der klar intuitiveren Bedienung und der zahlreichen Tutorials für die Komponenten, die auch leicht nachvollzogen werden können, ist Talend ESB trotz leichter Schwächen schließlich nach dieser Evaluation für die Logistics Mall zu empfehlen.

7.2 Fazit

Mit Talend ESB wurde ein Enterprise Service Bus ausgewählt, der in vielen Aspekten der Evaluation herausragende Ergebnisse erzielte. So bietet Talend als Hersteller im kommerziellen Support unterschiedliche Service-Modelle an, sodass bei Bedarf entweder während der Entwicklung oder aber auch im anschließenden Produktivbetrieb stets der passende Support gewählt werden kann. Meist wird dies jedoch nicht notwendig sein, da eine sehr ausführliche, mit vielen Beispielen versehene Dokumentation zur Verfügung gestellt wird. Dazu kommen diverse bebilderte Tutorials sowie Beispiele und ein großes Forum, in dem zahlreiche Mitglieder aktiv teilnehmen.

Talend ESB basiert auf Open Source Frameworks von Apache. Dazu zählen weit verbreitete und bekannte Frameworks wie CXF, Camel und ActiveMQ. Jedes Framework für sich ist sehr ausgereift; zusammen formen sie den ESB zu einem mächtigen Werkzeug. Aber nicht nur Standardfunktionalitäten dieser Frameworks stecken in dem ESB; Talend hat die Suite um viele weitere Komponenten und Möglichkeiten erweitert, sodass der Einsatz des ESBs den einzelnen Tools vorzuziehen ist.

Sehr gut gelungen ist die grafische Benutzeroberfläche von Talend ESB und damit die Usability. Diese ermöglicht es, ohne große Kenntnisse intuitiv komplexe Routen und Prozesse zu erstellen.

Abschließend kann gesagt werden, dass aufgrund der aufgeführten Aspekte Talend ESB als komplexe Middleware für die Logistics Mall und auch für den externen Betreiber am besten geeignet ist.

7.3 Ausblick

Die praktische Evaluation in dieser Arbeit bezieht sich auf ein vereinfachtes Szenario mit grundlegenden Funktionalitäten. Weitere Untersuchungen könnten sich mit erweiterter Funktionalität auseinandersetzen. So könnte zum Beispiel die oft in der Praxis eingesetzte *Business Process Management (BPM)*-Komponente oder das Verteilen der Last durch *Load Balancing* untersucht werden.

Weiterhin können nichtfunktionale Anforderungen an einem ESB untersucht werden. Dazu gehört zum einen die *Performanz* der Produkte, da zu erwarten ist, dass in der Praxis viele Serviceaufrufe zur gleichen Zeit stattfinden. Ein schon kleiner zeitlicher Unterschied pro Abarbeitung eines Prozesses kann in einer großen Anzahl von Aufrufen zu signifikanten Performanzeinbußen führen. Eine weitere große Rolle spielt die *Zuverlässigkeit* insbesondere bei vielen Aufrufen, schließlich sollen alle Nachrichten den Empfänger erreichen. Durch Lasttests könnte diese nichtfunktionale Anforderung an einem ESB untersucht werden.

Ein weiterer Aspekt, der separat betrachtet werden muss, ist die Möglichkeit, den ESB selbst sowie zur Verfügung gestellte Services abzusichern. Gerade im geschäftlichen Bereich, in dem kompromittierte Services zu hohen Geldverlusten führen können, spielt die Sicherheit eine große Rolle. Untersucht werden könnte dabei die Möglichkeit, den ESB selbst abzusichern, damit kein Dritter vorhandene Routen ändern kann. Außerdem könnte untersucht werden, mit welchen Sicherheitsstandards, wie zum Beispiel WS-Security, die angebotenen und genutzten Services, also die Kommunikation und die Nachrichten, abgesichert werden können.

Zur Nachvollziehbarkeit aller Vorgänge in dem Enterprise Service Bus ist ein adäquates Monitoring notwendig. In dieser Arbeit wurden im Vergleich nach Herstellerangaben bereits einige Möglichkeiten untersucht. Diese könnten jedoch in Zukunft noch praktisch evaluiert werden. Dabei könnten Metriken für das Szenario aufgestellt werden, die es schließlich praktisch zu überwachen gilt.

Zur Logistics Mall der nächsten Generation wird es in naher Zukunft sicherlich einen Prototypen und Produkte mit erweiterter Funktionalität und ESB-Integration geben. Aufgrund der hier ausgesprochenen Empfehlung bleibt es abzuwarten, wie sich der ESB in das komplexe System integrieren lässt. Die vorliegende Arbeit bietet für den letzten Punkt eine Entscheidungsgrundlage und Empfehlung.

Abkürzungsverzeichnis

AGPL	GNU Affero General Public License
API	Application Programming Interface
BPEL	Business Process Execution Language
BPM	Business Process Management
BPMN	Business Process Model and Notation
CDDL	Common Development and Distribution License
CPAL	Common Public Attribution License
EDI	Electronic Data Interchange
EIP	Enterprise Integration Patterns
ESB	Enterprise Service Bus
GPL	GNU General Public Licence
GUI	Graphical User Interface
HTTP(S)	Hypertext Transfer Protocol (Secure)
IaaS	Infrastructure-as-a-Service
IML	Fraunhofer Institut für Materialfluss und Logistik
ISST	Fraunhofer Institut für Software- und Systemtechnik
JAXB	Java Architecture for XML Binding
JBI	Java Business Integration
JMS	Java Message Service
JMX	Java Management Extensions
KMU	Kleine und mittlere Unternehmen
LGPL	GNU Lesser General Public License
MOM	Message Oriented Middleware
MPL	Mozilla Public Licence
OAGIS	Open Application Group Integration Specification
OSGi	Open Services Gateway initiative
OSS	Open Source Software
PaaS	Platform-as-a-Service
REST	Representational State Transfer
SaaS	Software-as-a-Service

SOA	Service-orientierte Architektur
TAM	Technical Account Manager
UML	Unified Modeling Language
UN/CEFACT	United Nations Centre for Trade Facilitation and Electronic Business
UN/EDIFACT	United Nations Electronic Data Interchange For Administration, Commerce and Transport
XaaS	Everything-as-a-Service
XML	Extensible Markup Language
XPath	XML Path Language
XSD	XML Schema Definition

Abbildungsverzeichnis

2.1	Servicemodelle beim Cloud-Computing	9
2.2	Aufbau einer WSDL-Datei in Version 1.1 und 2.0	14
2.3	Aufbau einer SOAP-Nachricht	15
2.4	Architektur der BODs nach OAGIS	18
2.5	Lightening von XML-Schemadefinitionen	19
2.6	Flattening von XML-Schemadefinitionen	20
2.7	Ein ESB als Architekturkonzept	23
3.1	Idee der Logistics Mall	29
6.1	Szenario: Versuchsablauf mit UN/EDIFACT-Nachricht und Routing	66
6.2	Szenario: Versuchsablauf mit Custom XML-Nachricht und Routing	68
6.3	Szenario: Versuchsablauf mit Fehlerfall	70
6.4	Szenario: Cloud-basierte Konfiguration als Deployment Diagramm	71
6.5	Szenario: Versuchsaufbau als Komponentendiagramm	72
6.6	Szenario: Custom XML-Format	77
6.7	Mule ESB: Route Shop → Auftragsverwaltung	87
6.8	Mule ESB: HTTP-Komponente	88
6.9	Mule ESB: Route Auftragsverwaltung → Lagerverwaltung Nord/Süd	90
6.10	Mule ESB: Route Lagerverwaltung Nord → Auftragsverwaltung	94
6.11	Mule ESB: Route Lagerverwaltung Süd → Auftragsverwaltung	95
6.12	Talend ESB: Route Shop → Auftragsverwaltung	97
6.13	Talend ESB: CXF-Inbound Komponente	97
6.14	Talend ESB: Route Auftragsverwaltung → Lagerverwaltung Nord/Süd	98
6.15	Talend ESB: Message Router When Zweig	99
6.16	Talend ESB: REST-Outbound Komponente	100
6.17	Talend ESB: Route Lagerverwaltung Nord → Auftragsverwaltung	101
6.18	Talend ESB: Inbound tRESTRequest-Komponente	101
6.19	Talend ESB: tXMLMap-Komponente zum Auslesen der REST-Nachricht	102
6.20	Talend ESB: tXMLMap-Komponente zur Transformation von EDI nach OAGIS	102

6.21 Talend ESB: Route Lagerverwaltung Süd → Auftragsverwaltung 103
6.22 Talend ESB: `cErrorHandler`-Komponente zur Fehlerbehandlung 104

Tabellenverzeichnis

4.1	Übersicht der zu untersuchenden ESBs	35
5.1	Stufe 1 der Vorauswahl: Kommerzieller Support (1/2)	42
5.2	Stufe 1 der Vorauswahl: Kommerzieller Support (2/2)	43
5.3	Stufe 2 der Vorauswahl: Dokumentation und Community (1/2)	47
5.4	Stufe 2 der Vorauswahl: Dokumentation und Community (2/2)	48
5.5	Stufe 3 der Vorauswahl: Vitalität, Reifegrad und Zukunftssicherheit (1/2)	53
5.6	Stufe 3 der Vorauswahl: Vitalität, Reifegrad und Zukunftssicherheit (2/2)	54
5.7	Stufe 4 der Vorauswahl: Integrationsaspekte (1/2)	58
5.8	Stufe 4 der Vorauswahl: Integrationsaspekte (2/2)	59
5.9	Stufe 5 der Vorauswahl: Entscheidungsrunde	60
6.1	Ergebnis des praktischen Vergleichs (1/2)	108
6.2	Ergebnis des praktischen Vergleichs (2/2)	109

Quellcodeverzeichnis

2.1	Aufbau einer SOAP-Nachricht in XML	15
2.2	Beispiel eines Service-Aufrufs mittels REST	16
2.3	Aufbau einer UN/EDIFACT-Nachricht (vgl. [Uni12b])	21
2.4	Beispiel UN/EDIFACT-Nachrichtsegment (vgl. [Uni12b])	22
6.1	Apache CXF Dependency in der Maven2 pom.xml	79
6.2	Codegenerierung aus einer WSDL-Datei mit WSDL2Java	79
6.3	Shop: Aufruf des Services `ProcessPurchaseOrder`	80
6.4	Shop: Ressourceangabe in der Maven2-pom.xml	80
6.5	Shop: Erzeugen des Java Archivs mit Abhängigkeiten (Maven2-`pom.xml`)	81
6.6	Shop: Start des Szenarios über Kommandozeile	81
6.7	Auftragsverwaltung: Implementierung des Services `ProcessPurchaseOrder`	82
6.8	Auftragsverwaltung: Starten eines Services als Server	83
6.9	Lagerverwaltung Nord: Smooks Maven2 Dependencies	83
6.10	Lagerverwaltung Nord: Smooks Konfiguration für UN/EDIFACT	84
6.11	Lagerverwaltung Nord: Interface des REST-Services	85
6.12	Lagerverwaltung Nord: UN/EDIFACT zu Java Transformation	85
6.13	Lagerverwaltung Nord: Java zu UN/EDIFACT Transformation	86
6.14	Lagerverwaltung Nord: Aufruf des REST-Services des ESBs als Client	86
6.15	Lagerverwaltung Nord: Starten des REST-Service Servers	86
6.16	Mule ESB: Konfiguration Shop → Auftragsverwaltung	88
6.17	Mule ESB: Header einer Java-Transformationskomponente	91
6.18	Konfiguration von XPATH in einer Java-Komponente	91
6.19	Mule ESB: Konfiguration Auftragsverwaltung → Lagerverwaltung Nord/Süd	92
6.20	Mule ESB: Konfiguration Lagerverwaltung Nord → Auftragsverwaltung	94
6.21	Mule ESB: Konfiguration Lagerverwaltung Süd → Auftragsverwaltung	95
6.22	Talend ESB: Setzen eines Payloads durch `cMessageProcessor`-Komponente	99
A.1	Beispielinstanz: `ProcessPurchaseOrder`	131
A.2	Beispielinstanz: `AcknowledgePurchaseOrder`	132

A.3 Beispielinstanz: `ProcessShipmentUnit` 132
A.4 Beispielinstanz: `AcknowledgeShipmentUnit` 133
A.5 Beispielinstanz: `NotifyShipmentUnit` 133
A.6 Beispielinstanz: `IFTMIN` 134
A.7 Beispielinstanz: `IFTMIN` in XML-Repräsentation 134
A.8 Beispielinstanz: `IFTSTA` 136
A.9 Beispielinstanz: `IFTSTA` in XML-Repräsentation 136
A.10 Custom XML Schemadefinitionen 137
A.11 Custom XML Beispielinstanzen 138
A.12 WSDL-Datei: ProcessPurchaseOrder.wsdl 139
A.13 WSDL-Datei: Dispatch.wsdl 140
A.14 Mule ESB: Erstellen der synchronen Antwortnachricht zur Auftragsverwaltung 141
A.15 Mule ESB: Transformation zu UN/EDIFACT `IFTMIN` 142
A.16 Mule ESB: Transformation zu Custom XML `Dispatch` 143

Literaturverzeichnis

[Apa12] APACHE SOFTWARE FOUNDATION: *Apache License v2.0 and GPL Compatibility.* http://www.apache.org/licenses/GPL-compatibility.html. Version: 2012, Abruf: 10. Juni 2012

[Bd12] BECKERS, Andreas ; DE BUCOURT, Stefan: *Rapid Prototyping von Logistik-Anwendungen mit 4D und deren szenario-basierte Integration - Webservice-basierte Interoperation eines Demo WMS und ERP-Systems.* 2012

[Bin08] BINILDAS C. A.: *Service Oriented Java Business Integration.* Packt Publishing Ltd., 2008

[Cha04] CHAPPEL, David A.: *Enterprise Service Bus.* O'Reilly, 2004

[Dhe04] DHESIASEELAN, Arulazi: *What's New in WSDL 2.0.* http://www.xml.com/pub/a/ws/2004/05/19/wsdl2.html. Version: Mai 2004, Abruf: 11. Januar 2012

[FBZ+12] FENNELLY, Tom ; BEVENIUS, Daniel ; ZEIJEN, Maurice ; LANGÖY, Bård ; ZUBAIROV, Renat: *Smooks Data Integration.* http://www.smooks.org. Version: 2012, Abruf: 11. Juli 2012

[Fie00] FIELDING, Roy T.: *Architectural Styles and the Design of Network-based Software Architectures.* http://www.ics.uci.edu/~fielding/pubs/dissertation/top.htm. Version: 2000, Abruf: 24. Januar 2012

[Fra12] FRAUNHOFER-GESELLSCHAFT: *Logistics Mall - Fraunhofer-Innovationscluster Cloud Computing für Logistik.* http://www.ccl.fraunhofer.de/. Version: 2012, Abruf: 31. August 2012

[Had09] HADLEY, Marc J.: *Web Application Description Language (WADL).* http://wadl.java.net/wadl20090202.pdf. Version: Februar 2009, Abruf: 24. Januar 2012

[HW04] HOHPE, Gregor ; WOOLF, Bobby: *Enterprise Integration Patterns*. Addison-Wesley, 2004

[Ins05] INSTITUT FÜR RECHTSFRAGEN DER FREIEN UND OPEN SOURCE SOFTWARE: *Die GPL kommentiert und erklärt*. O'Reilly, 2005

[Jos08] JOSUTTIS, Nicolai: *SOA in der Praxis*. dpunkt.verlag, 2008

[Kie12] KIEL, W. P.: *xmlHelpline - Schema Lightener*. http://www.xmlhelpline.com/tools/SchemaLightener.php. Version: 2012, Abruf: 02. Februar 2012

[Kir03] KIRK, Alexander: *LGPL*. http://www.computerlexikon.com/was-ist-lgpl. Version: 2003, Abruf: 10. Juni 2012

[Kri05] KRILL, Paul: *Microsoft, IBM, SAP discontinue UDDI registry effort*. http://www.infoworld.com/d/architecture/microsoft-ibm-sap-discontinue-uddi-registry-effort-777. Version: 2005, Abruf: 14. Februar 2012

[Löw11] LÖWENSTEIN, Bernhard: *RESTful Web Services mit JAX-RS*. http://it-republik.de/jaxenter/artikel/RESTful-Web-Services-mit-JAX-RS-4134.html. Version: 2011, Abruf: 15. Januar 2012

[McN08] MCNEE, Bill: *Understanding the Cloud Taxonomy*. http://www.cloudsummit.com/2008/presentations/downloads/mcnee.pdf. Version: 2008, Abruf: 31. August 2012

[MG11] MELL, Peter ; GRANCE, Timothy: *The NIST Definition of Cloud Computing*. http://csrc.nist.gov/publications/nistpubs/800-145/SP800-145.pdf. Version: 2011, Abruf: 23. August 2012

[Mic05] MICHELSON, Brenda: *Enterprise Service Bus Evaluation Framework - Criteria for Selecting an Entrprise Service Bus as an Integration Backbone*. http://www.psgroup.com/detail.aspx?id=612. Version: 2005, Abruf: 23. April 2012

[Moz12] MOZILLA: *MPL 2.0 FAQ*. http://www.mozilla.org/MPL/2.0/FAQ.html. Version: 2012, Abruf: 10. Juni 2012

[O'G12] O'GRADY, Stephen: *The RedMonk Programming Language Rankings: February 2012*.

http://redmonk.com/sogrady/2012/02/08/language-rankings-2-2012/.
Version: 2012, Abruf: 07. Mai 2012

[Ope11] OPEN APPLICATIONS GROUP, INC.: *Business Object Document (BOD) Message Architecture for OAGIS Release 9.+*.
http://www.oagi.org/oagi/downloads/ResourceDownloads/2011_0408_BOD_Message_Architecture_V9x.pdf. Version: 2011, Abruf: 14. Februar 2012

[Ope12a] OPEN APPLICATIONS GROUP, INC.: *Open Applications Group - Open Standards that Open Markets*. http://www.oagi.org/dnn2/. Version: Februar 2012, Abruf: 06. Februar 2012

[Ope12b] OPEN SOURCE INITIATIVE: *Common Public Attribution License Version 1.0 (CPAL-1.0)*. http://opensource.org/licenses/cpal_1.0. Version: 2012, Abruf: 10. Juni 2012

[Ora09] ORACLE CORPORATION: *CDDL*.
http://hub.opensolaris.org/bin/view/Main/licensing_faq.
Version: 2009, Abruf: 10. Juni 2012

[Ora12a] ORACLE: *Java Management Extensions (JMX) Technology*.
http://www.oracle.com/technetwork/java/javase/tech/javamanagement-140525.html. Version: 2012, Abruf: 24. Mai 2012

[Ora12b] ORACLE: *Using jconsole*. http://docs.oracle.com/javase/1.5.0/docs/guide/management/jconsole.html. Version: 2012, Abruf: 24. Mai 2012

[Pal10] PALLIS, Georg: *Cloud Computing - The New Frontier of Internet Computing*.
http://grid.ucy.ac.cy/~gpallis/publications/journals/ic10.pdf.
Version: 2010, Abruf: 24. August 2012

[Rüc09] RÜCKER, Bernd: *BPEL vs. BPMN 2.0 – ewiger Catfight? Oder ist BPEL schon tot?* http://www.bpm-guide.de/2009/11/18/bpel-bpmn-catfight-oder-ist-bpel-schon-tot/. Version: 2009, Abruf: 24. Mai 2012

[Row05] ROWELL, Michael: *OAGIS 9.0 Introduction*.
http://xml.coverpages.org/OAGISv90-Introduction20050809.pdf.
Version: August 2005, Abruf: 03. Januar 2012

[RR10] RITTINGHOUSE, John W. ; RANSOME, James F.: *Cloud Computing - Implementation, Management, and Security*. CRC Press, 2010

[Sch10] SCHMIDT, Holger: *Open Source Enterprise Service Bus (ESB) - Ein Vergleich aktueller Produkte*. http://www.ancud.de/Whitepapers/ESB-Vergleich.pdf. Version: 2010, Abruf: 25. Juli 2012

[Sto10] STORMACQ, Sébastien: *Oracle + Sun SOA Strategy*. https://blogs.oracle.com/sebsto/entry/oracle_sun_soa_strategy. Version: 2010, Abruf: 09. Mai 2012

[The12a] THE APACHE SOFTWARE FOUNDATION: *ActiveMQ*. http://activemq.apache.org/. Version: 2012, Abruf: 21. August 2012

[The12b] THE APACHE SOFTWARE FOUNDATION: *Apache Camel*. http://camel.apache.org/. Version: 2012, Abruf: 21. August 2012

[The12c] THE APACHE SOFTWARE FOUNDATION: *Apache Maven Project*. http://maven.apache.org/. Version: 2012, Abruf: 20. August 2012

[UNE12] UNECE: *UNECE - United Nations Economic Commission for Europe - Introduction*. http://www.unece.org/cefact/about.html. Version: 2012, Abruf: 14. Februar 2012

[Uni10a] UNITED NATIONS ECONOMIC COMMISSION FOR EUROPE: *UN/EDIFACT, Message Type: IFTMIN*. http://www.unece.org/trade/untdid/d09b/trmd/iftmin_c.htm. Version: 2010, Abruf: 05. Juli 2012

[Uni10b] UNITED NATIONS ECONOMIC COMMISSION FOR EUROPE: *UN/EDIFACT, Message Type: IFTSTA*. http://www.unece.org/trade/untdid/d09b/trmd/iftsta_c.htm. Version: 2010, Abruf: 05. Juli 2012

[Uni10c] UNITED NATIONS ECONOMIC COMMISSION FOR EUROPE: *United Nations Directories for Electronic Data Interchange for Administration, Commerce and Transport*. http://www.unece.org/trade/untdid/directories.htm. Version: 2010, Abruf: 27. August 2012

[Uni11] UNITED NATIONS ECONOMIC COMMISSION FOR EUROPE: *Introducing UN/EDIFACT*. http://www.unece.org/trade/untdid/welcome.html. Version: 2011, Abruf: 29. August 2012

[Uni12a] UNITED NATIONS ECONOMIC COMMISSION FOR EUROPE: *UN/CEFACT*. http://www.unece.org/cefact. Version: 2012, Abruf: 27. August 2012

[Uni12b] UNITED NATIONS ECONOMIC COMMISSION FOR EUROPE: *UN/EDIFACT Application level syntax rules.* http://tinyurl.com/edifact-syntax-rules. Version: 2012, Abruf: 27. August 2012

[Vol11] VOLLMER, Ken: *The Forrester Wave: Enterprise Service Bus, Q2 2011.* http://www.oracle.com/us/corporate/analystreports/infrastructure/forrester-wave-esb-q2-2011-395900.pdf. Version: 2011, Abruf: 25. Juli 2012

[W3C01] W3C: *Web Services Description Language (WSDL) 1.1.* http://www.w3.org/TR/wsdl. Version: März 2001, Abruf: 24. Januar 2012

[W3C07] W3C: *Web Services Description Language (WSDL) Version 2.0 Part 1: Core Language.* http://www.w3.org/TR/wsdl20. Version: Juni 2007, Abruf: 24. Januar 2012

[WK11] WISSMEIER, Jörg ; KRAUS, Adrian: *Top Ten ESB: Zehn Enterprise Service Buses im Vergleich.* http://it-republik.de/jaxenter/artikel/Top-Ten-ESB-Viele-ESBs-viele-Moeglichkeiten-4101.html. Version: 2011, Abruf: 25. Juli 2012

Anhang A

Anhang

A.1 Beispielnachrichten

A.1.1 OAGIS

```xml
 1  <ProcessPurchaseOrder>
 2    <ApplicationArea>
 3      <Sender>
 4        <LogicalID>Auftragsverwaltung</LogicalID>
 5      </Sender>
 6      <CreationDateTime>1967-08-13</CreationDateTime>
 7      <BODID>random_uuid</BODID>
 8    </ApplicationArea>
 9    <DataArea>
10      <Process/>
11      <PurchaseOrder>
12        <PurchaseOrderHeader>
13          <ShipToParty>
14            <Location>
15              <Address>
16                <AddressLine>Musterstraße 123</AddressLine>
17                <CityName>Musterstadt</CityName>
18                <PostalCode>12345</PostalCode>
19              </Address>
20            </Location>
21            <Contact>
22              <Name>Max Mustermann</Name>
23              <EMailAddressCommunication>
24                <EMailAddressID>max@mustermann.de</EMailAddressID>
25              </EMailAddressCommunication>
26            </Contact>
27          </ShipToParty>
28        </PurchaseOrderHeader>
29        <PurchaseOrderLine>
30          <Item>
31            <Description>A</Description>
32          </Item>
33          <Quantity>10</Quantity>
34          <TotalAmount>298.95</TotalAmount>
35        </PurchaseOrderLine>
36      </PurchaseOrder>
```

```
37    </DataArea>
38  </ProcessPurchaseOrder>
```

Quellcode A.1: Beispielinstanz: `ProcessPurchaseOrder`

```
1   <AcknowledgePurchaseOrder>
2     <ApplicationArea>
3       <Sender>
4         <LogicalID>Auftragsverwaltung</LogicalID>
5       </Sender>
6       <CreationDateTime>1967-08-13</CreationDateTime>
7       <BODID>random_uuid</BODID>
8     </ApplicationArea>
9     <DataArea>
10      <Acknowledge/>
11      <PurchaseOrder>
12        <PurchaseOrderHeader>
13          <ShipToParty>
14            <Location>
15              <Address>
16                <AddressLine>Musterstraße 123</AddressLine>
17                <CityName>Musterstadt</CityName>
18                <PostalCode>12345</PostalCode>
19              </Address>
20            </Location>
21            <Contact>
22              <Name>Max Mustermann</Name>
23              <EMailAddressCommunication>
24                <EMailAddressID>max@mustermann.de</EMailAddressID>
25              </EMailAddressCommunication>
26            </Contact>
27          </ShipToParty>
28        </PurchaseOrderHeader>
29        <PurchaseOrderLine>
30          <Item>
31            <Description>A</Description>
32          </Item>
33          <Quantity>10</Quantity>
34          <TotalAmount>298.95</TotalAmount>
35        </PurchaseOrderLine>
36      </PurchaseOrder>
37    </DataArea>
38  </AcknowledgePurchaseOrder>
```

Quellcode A.2: Beispielinstanz: `AcknowledgePurchaseOrder`

```
1   <ProcessShipmentUnit>
2     <ApplicationArea>
3       <Sender>
4         <LogicalID>Lagerverwaltung</LogicalID>
5       </Sender>
6       <CreationDateTime>1967-08-13</CreationDateTime>
7       <BODID>random_uuid</BODID>
8     </ApplicationArea>
9     <DataArea>
10      <Process/>
```

```
11      <ShipmentUnit>
12        <ShipToLocation>
13          <Name>Max Mustermann</Name>
14          <Address>
15            <AddressLine>Musterstraße 123</AddressLine>
16            <CityName>Musterstadt</CityName>
17            <PostalCode>12345</PostalCode>
18          </Address>
19        </ShipToLocation>
20        <ShipmentUnitItem>
21          <Description>A</Description>
22          <OrderQuantity>10</OrderQuantity>
23        </ShipmentUnitItem>
24      </ShipmentUnit>
25    </DataArea>
26  </ProcessShipmentUnit>
```

Quellcode A.3: Beispielinstanz: `ProcessShipmentUnit`

```
1   <AcknowledgeShipmentUnit>
2     <ApplicationArea>
3       <Sender>
4         <LogicalID>Lagerverwaltung</LogicalID>
5       </Sender>
6       <CreationDateTime>1967-08-13</CreationDateTime>
7       <BODID>random_uuid</BODID>
8     </ApplicationArea>
9     <DataArea>
10      <Acknowledge/>
11      <ShipmentUnit>
12        <ShipToLocation>
13          <Name>Max Mustermann</Name>
14          <Address>
15            <AddressLine>Musterstraße 123</AddressLine>
16            <CityName>Musterstadt</CityName>
17            <PostalCode>12345</PostalCode>
18          </Address>
19        </ShipToLocation>
20        <ShipmentUnitItem>
21          <Description>A</Description>
22          <OrderQuantity>10</OrderQuantity>
23        </ShipmentUnitItem>
24      </ShipmentUnit>
25    </DataArea>
26  </AcknowledgeShipmentUnit>
```

Quellcode A.4: Beispielinstanz: `AcknowledgeShipmentUnit`

```
1   <NotifyShipmentUnit>
2     <ApplicationArea>
3       <Sender>
4         <LogicalID>Lagerverwaltung</LogicalID>
5       </Sender>
6       <CreationDateTime>1967-08-13</CreationDateTime>
7       <BODID>random_uuid</BODID>
8     </ApplicationArea>
```

```
 9    <DataArea>
10      <Notify/>
11      <ShipmentUnit>
12        <ShipToLocation>
13          <Name>Max Mustermann</Name>
14          <Address>
15            <AddressLine>Musterstraße 123</AddressLine>
16            <CityName>Musterstadt</CityName>
17            <PostalCode>12345</PostalCode>
18          </Address>
19        </ShipToLocation>
20        <ShipmentUnitItem>
21          <Description>A</Description>
22          <OrderQuantity>10</OrderQuantity>
23        </ShipmentUnitItem>
24      </ShipmentUnit>
25    </DataArea>
26 </NotifyShipmentUnit>
```

Quellcode A.5: Beispielinstanz: `NotifyShipmentUnit`

A.1.2 UN/EDIFACT

```
1 UNH+96675469-6d88-434d-b10d-98fcc1a3fcec+IFTMIN:D:09B:UN'BGM+'CTA++
2 LagerverwaltungNord'DTM+9:2012-06-14-02-27-43'NAD+BS++
3 Max Mustermann++Musterstraße 123+Musterstadt++12345'GID+
4 Artikel A'MEA+AAU'EQN+10.0'UNT+0+96675469-6d88-434d-b10d-98fcc1a3fcec'
```

Quellcode A.6: Beispielinstanz: `IFTMIN`

```
 1 <unEdifact>
 2   <interchangeMessage>
 3     <UNH>
 4       <messageRefNum>96675469-6d88-434d-b10d-98fcc1a3fcec</messageRefNum>
 5       <messageIdentifier>
 6         <id>IFTMIN</id>
 7         <versionNum>D</versionNum>
 8         <releaseNum>09B</releaseNum>
 9         <controllingAgencyCode>UN</controllingAgencyCode>
10       </messageIdentifier>
11     </UNH>
12     <IFTMIN>
13       <Beginning_of_message>
14         <DOCUMENT_MESSAGE_NAME>
15         </DOCUMENT_MESSAGE_NAME>
16       </Beginning_of_message>
17       <Contact_information>
18         <Contact_function_code/>
19         <CONTACT_DETAILS>
20           <Contact_identifier>LagerverwaltungNord</Contact_identifier>
21         </CONTACT_DETAILS>
22       </Contact_information>
23       <Date_time_period>
```

```xml
      <DATE_TIME_PERIOD>
        <Date_or_time_or_period_function_code_qualifier>
          9
        </Date_or_time_or_period_function_code_qualifier>
        <Date_or_time_or_period_text>
          2012-06-14-02-27-43
        </Date_or_time_or_period_text>
      </DATE_TIME_PERIOD>
    </Date_time_period>
    <Segment_group_11>
      <Name_and_address>
        <Party_function_code_qualifier>BS</Party_function_code_qualifier>
        <PARTY_IDENTIFICATION_DETAILS>
        </PARTY_IDENTIFICATION_DETAILS>
        <NAME_AND_ADDRESS>
          <Name_and_address_description_-_-1>
            Max Mustermann
          </Name_and_address_description_-_-1>
        </NAME_AND_ADDRESS>
        <PARTY_NAME>
        </PARTY_NAME>
        <STREET>
          <Street_and_number_or_post_office_box_identifier_-_-1>
            Musterstraße 123
          </Street_and_number_or_post_office_box_identifier_-_-1>
        </STREET>
        <City_name>Musterstadt</City_name>
        <COUNTRY_SUBDIVISION_DETAILS>
        </COUNTRY_SUBDIVISION_DETAILS>
        <Postal_identification_code>12345</Postal_identification_code>
      </Name_and_address>
    </Segment_group_11>
    <Segment_group_18>
      <Goods_item_details>
        <Goods_item_number>Artikel A</Goods_item_number>
      </Goods_item_details>
      <Segment_group_20>
        <Measurements>
          <Measurement_purpose_code_qualifier>
            AAU
          </Measurement_purpose_code_qualifier>
        </Measurements>
        <Number_of_units>
          <NUMBER_OF_UNIT_DETAILS>
            <Units_quantity>10.0</Units_quantity>
          </NUMBER_OF_UNIT_DETAILS>
        </Number_of_units>
      </Segment_group_20>
    </Segment_group_18>
  </IFTMIN>
  <UNT>
    <segmentCount>0</segmentCount>
    <messageRefNum>96675469-6d88-434d-b10d-98fcc1a3fcec</messageRefNum>
  </UNT>
 </interchangeMessage>
</unEdifact>
```

Quellcode A.7: Beispielinstanz: IFTMIN in XML-Repräsentation

```
1  UNH+21ba7332-d0fc-406b-a93a-291fa8a99599+IFTSTA:D:09B:UN'BGM+'DTM+9:
2  2012-06-14-03-47-03'NAD+BS++Max Mustermann++Musterstraße 123+
3  Musterstadt++12345'CNI+'STS+'GID+Artikel A'QTY+12:10'UNT+0+
4  21ba7332-d0fc-406b-a93a-291fa8a99599'
```

Quellcode A.8: Beispielinstanz: IFTSTA

```
 1  <unEdifact>
 2    <interchangeMessage>
 3      <UNH>
 4        <messageRefNum>21ba7332-d0fc-406b-a93a-291fa8a99599</messageRefNum>
 5        <messageIdentifier>
 6          <id>IFTSTA</id>
 7          <versionNum>D</versionNum>
 8          <releaseNum>09B</releaseNum>
 9          <controllingAgencyCode>UN</controllingAgencyCode>
10        </messageIdentifier>
11      </UNH>
12      <IFTSTA>
13        <Beginning_of_message>
14          <DOCUMENT_MESSAGE_NAME>
15          </DOCUMENT_MESSAGE_NAME>
16        </Beginning_of_message>
17        <Date_time_period>
18          <DATE_TIME_PERIOD>
19            <Date_or_time_or_period_function_code_qualifier>
20              9
21            </Date_or_time_or_period_function_code_qualifier>
22            <Date_or_time_or_period_text>
23              2012-06-14-03-47-03
24            </Date_or_time_or_period_text>
25          </DATE_TIME_PERIOD>
26        </Date_time_period>
27        <Segment_group_1>
28          <Name_and_address>
29            <Party_function_code_qualifier>BS</Party_function_code_qualifier>
30            <PARTY_IDENTIFICATION_DETAILS>
31            </PARTY_IDENTIFICATION_DETAILS>
32            <NAME_AND_ADDRESS>
33              <Name_and_address_description_-_-1>
34                Max Mustermann
35              </Name_and_address_description_-_-1>
36            </NAME_AND_ADDRESS>
37            <PARTY_NAME>
38            </PARTY_NAME>
39            <STREET>
40              <Street_and_number_or_post_office_box_identifier_-_-1>
41                Musterstraße 123
42              </Street_and_number_or_post_office_box_identifier_-_-1>
43            </STREET>
44            <City_name>Musterstadt</City_name>
45            <COUNTRY_SUBDIVISION_DETAILS>
46            </COUNTRY_SUBDIVISION_DETAILS>
47            <Postal_identification_code>12345</Postal_identification_code>
48          </Name_and_address>
49        </Segment_group_1>
50        <Segment_group_13>
51          <Consignment_information>
```

```
52          <Consolidation_item_number/>
53        </Consignment_information>
54        <Segment_group_14>
55          <Status>
56            <STATUS_CATEGORY>
57            </STATUS_CATEGORY>
58          </Status>
59          <Segment_group_23>
60            <Goods_item_details>
61              <Goods_item_number>Artikel A</Goods_item_number>
62            </Goods_item_details>
63            <Quantity>
64              <QUANTITY_DETAILS>
65                <Quantity_type_code_qualifier>12</Quantity_type_code_qualifier>
66                <Quantity>10</Quantity>
67              </QUANTITY_DETAILS>
68            </Quantity>
69          </Segment_group_23>
70        </Segment_group_14>
71      </Segment_group_13>
72    </IFTSTA>
73    <UNT>
74      <segmentCount>0</segmentCount>
75      <messageRefNum>21ba7332-d0fc-406b-a93a-291fa8a99599</messageRefNum>
76    </UNT>
77   </interchangeMessage>
78 </unEdifact>
```

Quellcode A.9: Beispielinstanz: `IFTSTA` in XML-Repräsentation

A.1.3 Custom XML

```
1  <schema
2   xmlns="http://www.w3.org/2001/XMLSchema"
3   xmlns:c="http://isst.fraunhofer.de/masterarbeit/lagerverwaltung/sued/types"
4   targetNamespace=
5     "http://isst.fraunhofer.de/masterarbeit/lagerverwaltung/sued/types">
6
7    <include schemaLocation="Item.xsd"/>
8    <include schemaLocation="Customer.xsd"/>
9
10   <element name="DispatchElement">
11     <complexType>
12       <all>
13         <element name="item" type="c:ItemType"/>
14         <element name="cust" type="c:CustomerType"/>
15       </all>
16     </complexType>
17   </element>
18 </schema>
19
20 <schema
21   xmlns="http://www.w3.org/2001/XMLSchema"
22   xmlns:c="http://isst.fraunhofer.de/masterarbeit/lagerverwaltung/sued/types"
23   targetNamespace=
24     "http://isst.fraunhofer.de/masterarbeit/lagerverwaltung/sued/types">
```

```
25
26      <include schemaLocation="Item.xsd"/>
27      <include schemaLocation="Customer.xsd"/>
28
29      <element name="NotifyElement">
30        <complexType>
31          <all>
32            <element name="item" type="c:ItemType"/>
33            <element name="cust" type="c:CustomerType"/>
34          </all>
35        </complexType>
36      </element>
37  </schema>
38
39  <schema
40    xmlns="http://www.w3.org/2001/XMLSchema"
41    xmlns:c="http://isst.fraunhofer.de/masterarbeit/lagerverwaltung/sued/types"
42    targetNamespace=
43      "http://isst.fraunhofer.de/masterarbeit/lagerverwaltung/sued/types">
44
45      <complexType name="ItemType">
46        <all>
47          <element name="description" type="string"/>
48          <element name="quantity" type="float"/>
49        </all>
50      </complexType>
51  </schema>
52
53  <schema
54    xmlns="http://www.w3.org/2001/XMLSchema"
55    xmlns:c="http://isst.fraunhofer.de/masterarbeit/lagerverwaltung/sued/types"
56    targetNamespace=
57      "http://isst.fraunhofer.de/masterarbeit/lagerverwaltung/sued/types">
58
59      <complexType name="CustomerType">
60        <all>
61          <element name="name" type="string"/>
62          <element name="street" type="string"/>
63          <element name="postalcode" type="string"/>
64          <element name="city" type="string"/>
65          <element name="email" type="string"/>
66        </all>
67      </complexType>
68  </schema>
```

Quellcode A.10: Custom XML Schemadefinitionen

```
1   <c:DispatchElement
2     xmlns:c="http://isst.fraunhofer.de/masterarbeit/lagerverwaltung/sued/types">
3     <item>
4       <description>String</description>
5       <quantity>3.14159E0</quantity>
6     </item>
7     <cust>
8       <name>String</name>
9       <street>String</street>
10      <postalcode>String</postalcode>
11      <city>String</city>
```

```
12    </cust>
13  </c:DispatchElement>
14
15  <c:NotifyElement
16    xmlns:c="http://isst.fraunhofer.de/masterarbeit/lagerverwaltung/sued/types">
17    <item>
18      <description>String</description>
19      <quantity>3.14159E0</quantity>
20    </item>
21    <cust>
22      <name>String</name>
23      <street>String</street>
24      <postalcode>String</postalcode>
25      <city>String</city>
26    </cust>
27  </c:NotifyElement>
```

Quellcode A.11: Custom XML Beispielinstanzen

A.2 Servicebeschreibungen

```
1   <wsdl:definitions
2     xmlns:wsdl="http://schemas.xmlsoap.org/wsdl/"
3     xmlns:http="http://schemas.xmlsoap.org/wsdl/http/"
4     xmlns:soap="http://schemas.xmlsoap.org/wsdl/soap/"
5     xmlns:xs="http://www.w3.org/2001/XMLSchema"
6     xmlns:oa="http://www.openapplications.org/oagis/9"
7     xmlns:oaws="http://www.openapplications.org/oagis/9/ws"
8     xmlns:ns="http://www.openapplications.org/oagis/9/unqualifieddatatypes/1.1"
9     targetNamespace="http://www.openapplications.org/oagis/9/ws">
10
11    <wsdl:types>
12      <xs:schema elementFormDefault="qualified"
13              targetNamespace="http://www.openapplications.org/oagis/9">
14        <xs:include schemaLocation="../Schema/www.openapplications.org_oagis_9/
15                          OAGIS_Masterarbeit.xsd"/>
16      </xs:schema>
17    </wsdl:types>
18
19    <wsdl:message name="AcknowledgePurchaseOrder">
20      <wsdl:part name="Message" element="oa:AcknowledgePurchaseOrder"/>
21    </wsdl:message>
22    <wsdl:message name="ProcessPurchaseOrder">
23      <wsdl:part name="Message" element="oa:ProcessPurchaseOrder"/>
24    </wsdl:message>
25
26    <wsdl:portType name="SyncPurchaseOrderPortType">
27      <wsdl:operation name="ProcessPurchaseOrder">
28        <wsdl:input message="oaws:ProcessPurchaseOrder"/>
29        <wsdl:output message="oaws:AcknowledgePurchaseOrder"/>
30      </wsdl:operation>
31    </wsdl:portType>
32
33    <wsdl:binding name="SyncPurchaseOrderBinding"
34              type="oaws:SyncPurchaseOrderPortType">
```

```
35      <soap:binding style="document"
36                    transport="http://schemas.xmlsoap.org/soap/http"/>
37      <wsdl:operation name="ProcessPurchaseOrder">
38        <soap:operation soapAction="http://www.openapplications.org/oagis/9_5/ws/
39                        wsdl/PurchaseOrder.wsdl" style="document"/>
40        <wsdl:input>
41          <soap:body use="literal"/>
42        </wsdl:input>
43        <wsdl:output>
44          <soap:body use="literal"/>
45        </wsdl:output>
46      </wsdl:operation>
47    </wsdl:binding>
48
49    <wsdl:service name="SyncPurchaseOrderService">
50      <wsdl:port name="SyncPurchaseOrderBinding"
51                 binding="oaws:SyncPurchaseOrderBinding">
52        <soap:address location="http://openapplications.org/oagis/9_5/ws/
53                       SyncPurchaseOrder"/>
54      </wsdl:port>
55    </wsdl:service>
56
57 </wsdl:definitions>
```

Quellcode A.12: WSDL-Datei: ProcessPurchaseOrder.wsdl

```
1  <wsdl:definitions
2    xmlns:wsdl="http://schemas.xmlsoap.org/wsdl/"
3    xmlns:http="http://schemas.xmlsoap.org/wsdl/http/"
4    xmlns:soap="http://schemas.xmlsoap.org/wsdl/soap/"
5    xmlns:xs="http://www.w3.org/2001/XMLSchema"
6    xmlns:custom="http://isst.fraunhofer.de/masterarbeit/
7                  lagerverwaltung/sued/types"
8    xmlns:tns="http://isst.fraunhofer.de/masterarbeit/lagerverwaltung/sued"
9    targetNamespace="http://isst.fraunhofer.de/masterarbeit/lagerverwaltung/sued">
10
11   <wsdl:types>
12     <xs:schema
13       xmlns:custom="http://isst.fraunhofer.de/masterarbeit/
14                     lagerverwaltung/sued/types"
15       targetNamespace="http://isst.fraunhofer.de/masterarbeit/
16                        lagerverwaltung/sued/types">
17
18       <xs:include schemaLocation="Item.xsd"/>
19       <xs:include schemaLocation="Customer.xsd"/>
20
21       <xs:element name="DispatchElement">
22         <xs:complexType>
23           <xs:all>
24             <xs:element name="cust" type="custom:CustomerType"/>
25             <xs:element name="item" type="custom:ItemType"/>
26           </xs:all>
27         </xs:complexType>
28       </xs:element>
29
30     </xs:schema>
31   </wsdl:types>
32
```

```
33  <wsdl:message name="DispatchRequest">
34    <wsdl:part name="param" element="custom:DispatchElement"/>
35  </wsdl:message>
36
37  <wsdl:portType name="DispatchPortType">
38    <wsdl:operation name="Dispatch">
39      <wsdl:input message="tns:DispatchRequest"/>
40    </wsdl:operation>
41  </wsdl:portType>
42
43  <wsdl:binding name="DispatchBinding" type="tns:DispatchPortType">
44    <soap:binding style="document"
45                  transport="http://schemas.xmlsoap.org/soap/http"/>
46    <wsdl:operation name="Dispatch">
47      <soap:operation soapAction="http://localhost:9060/DispatchService?wsdl"
48                      style="document"/>
49      <wsdl:input>
50        <soap:body use="literal"/>
51      </wsdl:input>
52    </wsdl:operation>
53  </wsdl:binding>
54
55  <wsdl:service name="DispatchService">
56    <wsdl:port name="DispatchBinding" binding="tns:DispatchBinding">
57      <soap:address location="http://localhost:9060/DispatchService"/>
58    </wsdl:port>
59  </wsdl:service>
60 </wsdl:definitions>
```

Quellcode A.13: WSDL-Datei: Dispatch.wsdl

A.3 Codeausschnitte

```
1  String soapIN = message.getPayloadAsString();
2
3  InputSource is = new InputSource(new
       ByteArrayInputStream(soapIN.getBytes("utf-8")));
4  Node root = (Node) xpath.evaluate("//o:ProcessShipmentUnit", is,
       XPathConstants.NODE);
5
6  String cust_name = xpath.evaluate("//o:ShipToLocation/o:Name", root);
7  String cust_plz = xpath.evaluate("//o:Address/o:PostalCode", root);
8  String cust_street = xpath.evaluate("//o:Address/o:AddressLine", root);
9  String cust_city = xpath.evaluate("//o:Address/o:CityName", root);
10
11 String item_description = xpath.evaluate("//o:ShipmentUnitItem/o:Description",
       root);
12 String item_quantity = xpath.evaluate("//o:ShipmentUnitItem/o:OrderQuantity",
       root);
13
14 StringBuilder ack = new StringBuilder();
15 ack.append("<AcknowledgeShipmentUnit");
16 ack.append(" xmlns='http://www.openapplications.org/oagis/9'");
17 ack.append(" xmlns:xsi='http://www.w3.org/2001/XMLSchema-instance'");
```

```
18  ack.append(" xsi:schemaLocation='http://www.openapplications.org/oagis/9
        ../../Developer/BODs/ProcessShipmentUnit.xsd'>");
19  ack.append("<ApplicationArea><Sender><LogicalID>");
20  ack.append("AuftragsverwaltungESB");
21  ack.append("</LogicalID></Sender><CreationDateTime>");
22  ack.append(DatatypeConverter.printDateTime(Calendar.getInstance()));
23  ack.append("</CreationDateTime><BODID>");
24  ack.append(UUID.randomUUID().toString());
25  ack.append("</BODID></ApplicationArea>
        <DataArea><Acknowledge/><ShipmentUnit><ShipToLocation><Name>");
26  ack.append(cust_name);
27  ack.append("</Name><Address><AddressLine>");
28  ack.append(cust_street);
29  ack.append("</AddressLine><CityName>");
30  ack.append(cust_city);
31  ack.append("</CityName><PostalCode>");
32  ack.append(cust_plz);
33  ack.append("</PostalCode></Address></ShipToLocation><ShipmentUnitItem>
        <Description>");
34  ack.append(item_description);
35  ack.append("</Description><OrderQuantity>");
36  ack.append(item_quantity);
37  ack.append("</OrderQuantity></ShipmentUnitItem></ShipmentUnit>
        </DataArea></AcknowledgeShipmentUnit>");
38
39  StringBuilder soapOUT = new StringBuilder();
40  soapOUT.append("<soap:Envelope
        xmlns:soap='http://schemas.xmlsoap.org/soap/envelope/'><soap:Body>");
41  soapOUT.append(ack);
42  soapOUT.append("</soap:Body></soap:Envelope>");
43
44  return soapOUT.toString();
```

Quellcode A.14: Mule ESB: Erstellen der synchronen Antwortnachricht zur Auftragsverwaltung

```
1   StringBuilder edi = new StringBuilder();
2   edi.append("UNH+");
3   edi.append(uuid);
4   edi.append("+IFTMIN:D:09B:UN'BGM+'CTA++");
5   edi.append("LagerverwaltungNord");
6   edi.append("'DTM+9:");
7   SimpleDateFormat sdf = new SimpleDateFormat("yyyy-MM-dd-hh-mm-ss");
8   edi.append(sdf.format(Calendar.getInstance().getTime())); // 2012-06-12-03-36-01
9   edi.append("'NAD+BS++");
10  edi.append(cust_name);
11  edi.append("++");
12  edi.append(cust_street);
13  edi.append("+");
14  edi.append(cust_city);
15  edi.append("++");
16  edi.append(cust_plz);
17  edi.append("'GID+");
18  edi.append(item_description);
19  edi.append("'MEA+AAU'EQN+");
20  edi.append(item_quantity);
21  edi.append("'UNT+0+");
22  edi.append(uuid);
```

```
23 edi.append("'");
```

Quellcode A.15: Mule ESB: Transformation zu UN/EDIFACT `IFTMIN`

```
1  StringBuilder customXML = new StringBuilder();
2  customXML.append("<soapenv:Envelope
       xmlns:soapenv='http://schemas.xmlsoap.org/soap/envelope/'>
       <soapenv:Header/><soapenv:Body>");
3  customXML.append("<custom:DispatchElement xmlns:custom=
       \"http://isst.fraunhofer.de/masterarbeit/lagerverwaltung/sued/types\">");
4  customXML.append("<cust><name>" + cust_name + "</name>");
5  customXML.append("<street>" + cust_street + "</street>");
6  customXML.append("<postalcode>" + cust_plz + "</postalcode>");
7  customXML.append("<city>" + cust_city + "</city></cust>");
8  customXML.append("<item><description>" + item_description + "</description>");
9  customXML.append("<quantity>"+ item_quantity
       +"</quantity></item></custom:DispatchElement>");
10 customXML.append("</soapenv:Body></soapenv:Envelope>");
```

Quellcode A.16: Mule ESB: Transformation zu Custom XML `Dispatch`